权威·前沿·原创

皮书系列为
"十二五""十三五""十四五"时期国家重点出版物出版专项规划项目

BLUE BOOK

智 库 成 果 出 版 与 传 播 平 台

蒙古国蓝皮书
BLUE BOOK OF MONGOLIA

蒙古国发展报告

（2022）

ANNUAL DEVELOPMENT REPORT OF MONGOLIA

(2022)

主　　编／包思勤
执行主编／范丽君

社会科学文献出版社
SOCIAL SCIENCES ACADEMIC PRESS（CHINA）

图书在版编目（CIP）数据

蒙古国发展报告.2022／包思勤主编；范丽君执行
主编.--北京：社会科学文献出版社，2024.11.
（蒙古国蓝皮书）.--ISBN 978-7-5228-4855-6

Ⅰ.F131.14

中国国家版本馆 CIP 数据核字第 2024WG0981 号

蒙古国蓝皮书
蒙古国发展报告（2022）

主　　编／包思勤
执行主编／范丽君

出 版 人／冀祥德
责任编辑／李明伟
责任印制／王京美

出　　版／社会科学文献出版社·区域国别学分社（010）59367078
　　　　　地址：北京市北三环中路甲 29 号院华龙大厦　邮编：100029
　　　　　网址：www.ssap.com.cn
发　　行／社会科学文献出版社（010）59367028
印　　装／三河市东方印刷有限公司

规　　格／开 本：787mm×1092mm　1/16
　　　　　印 张：14　字 数：155 千字
版　　次／2024 年 11 月第 1 版　2024 年 11 月第 1 次印刷
书　　号／ISBN 978-7-5228-4855-6
定　　价／139.00 元

读者服务电话：4008918866

蒙古国蓝皮书编委会

主　　编　包思勤

执行主编　范丽君

撰 稿 人　(以文序排列)

范丽君	包思勤	照日格图
〔蒙〕阿·达瓦苏荣	任丽慧	佈仁毕力格
启　戈	包文明	哈斯巴特尔
黄佟拉嘎	〔蒙〕满都海	王启颖
李　超	胡格吉勒图	祁治业
刘巴特尔		

主要编撰者简介

包思勤 内蒙古自治区社会科学院原副院长、研究员，内蒙古自治区突出贡献专家，兼任中国城市经济学会常务理事、内蒙古自治区哲学社会科学重点研究基地——"把内蒙古建成我国向北开放重要桥头堡研究基地"首席专家等。曾长期在内蒙古自治区发展改革部门从事政策研究及规划编制工作。出版《内蒙古发展报告》《内蒙古农村牧区适应气候变化措施研究》等15部著作。多项研究成果获得中国发展研究奖、国家发改委优秀研究成果奖和内蒙古自治区哲学社会科学优秀成果奖。曾多次参与内蒙古自治区国民经济和社会发展五年规划的前期研究和编制工作，是内蒙古自治区国民经济和社会发展第十一个五年规划纲要、第三产业发展规划纲要和"服务业六十条"的主要起草人。

范丽君 内蒙古自治区社会科学院内蒙古"一带一路"研究所所长，研究员、译审，从事蒙俄关系及中俄蒙外交关系研究。内蒙古俄罗斯民族研究会理事、内蒙古东北亚经济研究会副会长、内蒙古自治区发展研究中心学术委员会专家。

摘　要

　　根据 2019 年宪法修正案以及相关法律规定，2020 年 6 月蒙古国如期举行了国家大呼拉尔（议会）选举。蒙古人民党以 62 席的压倒性优势获胜。国家大呼拉尔主席（议长）贡·赞丹沙塔尔和总理乌·呼日勒苏赫高票连任。2021 年 1 月，乌·呼日勒苏赫政府因"产妇事件"集体辞职，奥云额尔登接任总理。2021 年 6 月，乌·呼日勒苏赫当选蒙古国总统，成为修宪后第一任 6 年制总统。蒙古国进入"党政合一"新时代，蒙古人民党的执政理念可以最大限度地体现在国家内政外交的各个方面。

　　蒙古人民党获胜连任为其执政理念落实搭建了平台。国家大呼拉尔主席、总理的连任保障了蒙古人民党执政队伍和政策执行的连贯性。借助疫情继续打击腐败，调整抗疫惠民金融、货币和财政政策，帮助蒙古国民众渡过难关，基本稳住了经济社会发展的基本盘。提高疫苗接种率，增强全民免疫能力的同时，针对疫情常态化发展，以及俄乌冲突造成的直接、间接影响，政府制定"新复兴政策"，用以提振蒙古国经济。

　　在经济上，政府借助疫情对蒙古国出口经济冲击的"时间档"，对国有矿产资源企业进行深度改革，使其成为"国家控制"

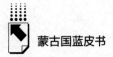
企业，建立资源基金，让国民成为国有自然资源的真正主人，推动采矿业向加工制造业转变，大力发展高新技术产业，提高产品附加值，增加出口商品的技术含金量，缓解高度依赖出口性经济的这一结构性问题。

在外交上，政府综合评估疫情常态化发展、俄乌冲突后蒙古国外交面临的优势和劣势，以及进出口面临的诸多瓶颈、阻碍性因素，合理发展与国际组织、地区组织关系，有效、高效利用国际组织、地区组织以及发达国家的援助，合理拓展可利用、可挖掘的外交空间。

关键词： 蒙古国　经济　蒙古人民党　新复兴政策

目 录 ⊾

I 总报告

II 专题报告

附　录

皮书数据库阅读使用指南

总 报 告

B.1

疫情常态化下蒙古人民党推动
蒙古国走上复兴之路

范丽君　包思勤*

摘　要： 2020年暴发的全球性新冠疫情对蒙古国外向型经济冲击影响较大。2022年2月24日，由于俄乌冲突爆发，美西方国家对俄罗斯的全方位制裁影响到蒙古国经济发展。蒙古国出现了新政治局面。按照现行宪法规定，2024年进行第九次国家大呼拉尔（议会）选举，2027年进行修宪后第二任6年制总统选举。其间，不出意外，蒙古人民党将有3年"一党占三高"的执政期。如何与新冠疫情抗争，如何在疫情常态化下实施高效的治国理政，既是

＊ 范丽君，内蒙古自治区社会科学院内蒙古"一带一路"研究所所长，研究员、译审；包思勤，内蒙古自治区社会科学院原副院长、研究员。

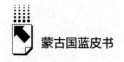

对蒙古人民党继续执政的考验，也是对呼日勒苏赫总统未来政治生涯的考验。

关键词： 新冠疫情　俄乌冲突　蒙古国　蒙古人民党　治国理政

按照 2019 年宪法修正案以及相关法律规定，2020 年 6 月 24 日，在疫情有效控制下，蒙古国如期举行了国家大呼拉尔选举。蒙古人民党政府因其得力的疫情防控举措赢得了民心，赢得了选举，以获得 62 席的压倒性优势获胜。国家大呼拉尔主席贡·赞丹沙塔尔（G. Zandanshatar）连任蒙古国第八届国家大呼拉尔主席，总理乌·呼日勒苏赫（U. Khurelsuh）高票连任蒙古国第 31 任总理。2021 年 1 月，因"产妇事件"乌·呼日勒苏赫政府集体辞职，政府办公厅主任罗布桑那木斯来·奥云额尔登（L. Oyun-Erdene）接任并当选蒙古国第 32 任总理。2021 年 6 月，呼日勒苏赫当选蒙古国总统，而且是修宪后第一任 6 年制总统，实现了蒙古人民党"一党占三高"新政治格局。蒙古国进入"党政合一"新时代，蒙古人民党的执政理念体现在国家内政外交的各个方面。

一　蒙古国疫情发展及影响

全球性的疫情影响到蒙古国的各行各业，这也是两届政府都需要解决的问题。抗疫和发展经济与稳定社会相互影响、相互掣肘，疫情防控不好，经济发展受阻，就会引起社会矛盾，影响到执政党的执政能力。蒙古人民党在 2020 年疫情防控期间赢得国家大呼拉尔选举，成为执政党，说明抗疫举措比较科学，合理有效。2021年尽管全国都有疫情"暴发点"，但没有连成片呈燎原之势，未达到不可控的程度，未影响蒙古国总统大选。

（一）蒙古国疫情发展情况

蒙古国疫情发展以 2020 年 11 月 4 日本土病例出现为分水岭。前一个阶段以防控为主，有一阶段进入"外防输入，内防蔓延"的双管控。在前一阶段，蒙古国对输入性病例的隔离、检测、治疗等措施可以说是井然有序，受到世界卫生组织总干事谭德塞（Tedros Adhanom Ghebreyesus）的高度赞誉，世界卫生组织把蒙古国的疫情防控经验拍成视频予以宣传。

2020 年 11 月 14 日，本土病例出现以后，呼日勒苏赫政府针对各地疫情情况，先后采取"延长疫情防控全民高度警戒状态的实施期限"，或在局部地区（首都和主要中心城市），对部分行业实施临时性封禁、严格规范营业时间等措施。例如，本土病例出现后，首先对人口较多的首都地区采取 3 天"封城"措施，其间，"禁止城际客车、私家车驶出首都，暂停国内航班和火车等交通工具运营，但车辆驶入首都不受限制"。同时宣布"首都所有学校、培训机构停课，禁止举行大型会议、集中培训、体育比赛文艺活动、儿童娱乐等人员聚集性活动"。① 为了限制疫情大范围传播，政府首先是启动"0~12 岁儿童家长居家办公"等相关应急保护措

---

① 《乌兰巴托采取临时"封城"措施》，《蒙古消息报》2020 年 11 月 12 日，第 2 版。

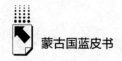

施。其次是加大排查、检测力度，从世界各地购买或者申请援助疫苗，加大普及疫苗接种力度。

2021年2月23日，政府启动新冠疫苗的接种工作。由于蒙古国民众对新冠病毒认识、疫情理解程度不同，尽管国家采取各种抗疫措施，蒙古国没有将疫情"封锁"在一定区域，2021年7月15日，蒙古国21个省都有感染病例报告，"全国累计确诊病例143128例，累计死亡734例，累计治愈出院118219例"①，标志着蒙古国进入"全民全面集体抗疫"新阶段。无论是"德尔塔"病毒，还是"奥密克戎"病毒，蒙古国政府认为，接种疫苗是抗击新冠病毒最为有效的途径，还对参加会议、集会、游行、文艺体育和娱乐等聚集性活动的人员，在药店、超市、食品店、集贸市场、体育运动场等人群密集型场所工作的一线人员提出必须持"疫苗证"上岗，且对环境做到一日一消杀。

随着第一、二针剂疫苗接种率的提高，蒙古国调整全面警戒状态的管控范围、程度和管控方法。从2021年下半年起，蒙古国卫生部的官方网站以报道当日新增病例、累计病例和疫苗接种人数为主，并公布清零省市。截至2021年12月20日，全国66%的人口完成两剂新冠疫苗接种，70%完成第一剂新冠疫苗接种，25%接种第三剂疫苗。② 根据《蒙古消息报》2022年1月13日报道，从2022年1月7日开始，蒙古国公民可以自愿接种第四剂新冠疫苗，蒙古国成为最早接种第四剂疫苗的国家之一。

疫苗接种率的提升在一定程度上提高了人体自身免疫和抗病毒

---

① 数据来源：蒙古国卫生部网站。

② 《政府例会决定》，《蒙古消息报》2021年12月23日，第2版。

能力。在蒙古国民众看来，尽管中间出现每日新增病例达到 500～1200 例的高峰值，但还是比较认可政府的各项抗疫举措。根据笔者跟踪调查，截至 2021 年底，蒙古国民众并没有因为政府抗疫举措或者措施不到位问题，举行大规模游行抗议活动。从 2020 年 2 月至 2021 年 11 月，蒙古国累计采取 7 次共计 79 天的全面禁足措施。

经过两年的抗疫实践，蒙古国政府认为，疫情的防控已经做到了全方位、全覆盖，需要面对"与病毒共存"的新常态。2022 年 2 月 4 日，蒙古国总理召开新闻发布会，决定从 2022 年 2 月 14 日开始"完全开放国家，撤销全部限制，从橙色预警转为黄色预警"。结束历时两年的高度戒备等级状态。2022 年 3 月 3 日，蒙古国政府根据国内形势下达了缩减应急指挥部机构通知文件，标志着蒙古国全面解除疫情防控措施。

（二）疫情和俄乌冲突对蒙古国经济发展的影响

新冠疫情对蒙古国外向型经济冲击影响较大。80%以上企业和纳税人商业活动处于停滞状态，或半停滞、半开放状态。2020 年 9 月开通的中蒙"绿色通道"缓解了蒙古国出口压力，提升了蒙古国的矿产品出口量，为助力蒙古国经济回升发挥了"催化剂"作用。受新冠疫情发展的影响，"2020 年蒙古国经济整体下降 4.6%。按 2015 年不变价格计算，GDP 减少 12729 亿图格里克（约 4 亿美元），人均 GDP 减少 322 美元，牲畜减少 390 万头，外汇储备增加 5.486 亿美元，预算赤字占 GDP 的比重下降 10.1 个百分点，对外贸易差额增加 7.85 亿美元"。蒙古国政府 2019 年提出"三大支柱产业"复兴战略实施，尤其是以服务业为主的第三产业受到冲击最大。根据统计，2021年入境蒙古国的外国人数量达3.9万余人次，比2020年下降43%，损失达6亿~7亿美元。比较蒙古国2020年和2021年1~6月经济数据可以发现，2021年1~6月所有指标出现一定增长，说明2021年蒙古国国内市场放开对国内经济循环起到一定拉动作用。截至2021年11月底，蒙古国与全球156个国家开展贸易往来，外贸总额150亿美元，其中出口额88亿美元，进口额62亿美元。外贸总额同比增长27.9%（33亿美元），其中出口额同比增长28.8%（20亿美元），进口额同比增长26.6%（13亿美元）。2021年前11个月实现外贸顺差26亿美元，同比增长34.2%（6.73亿美元）。① 为应对疫情，蒙古国在2020年实施的大规模福利政策又导致严重的通货膨胀。2021年12月的通胀率比3月增加10.9个百分点②（见图1）。

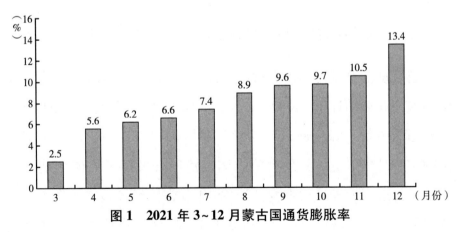

图1　2021年3~12月蒙古国通货膨胀率

资料来源：蒙古国国家统计局官方网站。

① 数据来源：蒙古国国家统计局官方网站，最后访问日期：2021年12月2日。
② 数据来源：蒙古国国家统计局官方网站，最后访问日期：2022年4月12日。

　　根据蒙古国央行的数据，通胀率在 2022 年下半年才能稳定到 4%～8%的目标区间。为解决蒙古国经济发展困境，2021 年 12 月 6 日，新当选的奥云额尔登总理向国家大呼拉尔提出"新复兴政策"，呼吁民众参与到实现蒙古国经济独立，形成小康中产阶级新社会阶层，实现呼日勒苏赫政府制定的"四大目标"。

　　2022 年 2 月 24 日，由于俄罗斯对乌克兰发动"特别军事行动"，美西方国家对俄罗斯的全方位制裁影响到蒙古国经济发展。有经济学家预测，俄罗斯受到制裁后，一定会将战略方向转向亚太地区。这对蒙古国而言，既是机遇也是挑战。机遇是，俄罗斯会加强与蒙古国在各领域合作；挑战是，因部分俄罗斯银行被禁止使用 SWIFT 支付系统，蒙古国与俄罗斯两国之间的贸易结算受到限制，蒙古国对外贸易，特别是经过俄罗斯银行结算系统与欧盟国家的经贸关系因此受到影响，蒙古国的外汇储备会进一步缩水，导致图格里克持续贬值。根据 2022 年 3 月 22 日媒体报道，蒙古国外汇资金量仅能满足 6～7 个月的进口需求。① 也就是说，如果在这半年，蒙古国边境口岸仍然处于关闭或者半关闭状态，则出口受限，外汇储备缩减，通货膨胀加剧。

二　两届政府的"抗疫救市"发展理念

　　2020 年 7 月 2 日，组建完成的国家大呼拉尔举行全体会议，任命蒙古人民党提名的呼日勒苏赫为蒙古国第 31 任总理。7 月 8

---

① 受乌克兰局势影响，蒙古国外汇储备进一步缩水，本币持续贬值。参见 https：//content-static.cctvnews.cctv.com，最后访问日期：2022 年 3 月 25 日。

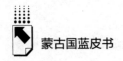

日，总理公布其政府内阁成员名单。2021 年 1 月，因"产妇事件"呼日勒苏赫政府集体辞职，奥云额尔登被选为第 32 任总理。两任总理和政府的发展理念基本一致，抗疫救市、稳定社会，自力更生振兴蒙古国经济。

（一）抗疫政策得力、有效，稳住社会基本盘

抗疫救市稳住社会基本盘是两届政府需要解决的问题。蒙古国能在疫情防控期间，顺利完成 2020 年和 2021 年国家大呼拉尔和总统选举，说明执政的蒙古人民党政府的抗疫举措比较得力，得到了民众的认可。

疫情暴发后，为增强蒙古国疫情防控能力，成立以副总理为主管，由海关、边检、卫生、交通运输发展等多部门负责人组成的国家紧急情况委员会，与国家紧急情况总局相互协调，及时通报处理有关国际国内疫情发展情况，及时将病毒"封锁"在最小范围，以减少对国家经济社会的影响，同时也根据疫情实际情况提出实施管控措施。2020 年 4 月，蒙古国国家大呼拉尔讨论并通过了关于预防新冠疫情并减少社会经济影响的法律，明确议会、政府、总统、公民，以及工厂企业、医院等公共服务单位在疫情防控过程中的责任义务和权利。2021 年 12 月，蒙古国国家大呼拉尔又对该法律进行修正，将其实施期限再次延长 6 个月，持续到 2022 年 5 月中旬，同时决定由政府承担所有家庭 2022 年 1~5 月的部分电费、税费等。

国家紧急情况委员会与国家紧急情况总局根据病例数量、感染情况，向政府建议"是否延长高度戒备状态期限""疫情风险等级"等具体政策调整。尽管 2021 年 7 月以后疫情在全国蔓延，但

由于疫苗接种率不断提高，死亡人数和死亡率都低于世界平均值。加上媒体和医疗救治部门对病毒和疫情的宣传，民众对病毒，即使是变异毒株，也不再视如猛虎，而是以平常心态应对，基本按照国家紧急情况委员会的要求做好个人防护。呼日勒苏赫政府和奥云额尔登政府的政策调整及时有效，不仅得到了蒙古国民众的认可，也得到世界卫生组织的好评和认可。

（二）减税降费等惠民政策帮助民众渡过难关

2020年疫情暴发后，总统、国家大呼拉尔和政府总理相互协调，彼此借力、支持。总统的协调和首脑引领作用、国家大呼拉尔的决策能力和政府的执行能力都有所增强。政府出台的抗疫政策和刺激经济的财政、货币、金融和税收政策，都得到总统和国家大呼拉尔的支持。特别是2020年11月本土病例出现以后，针对全国进入警戒状态，政府为支持经济发展、稳定社会，提出福利补贴、减税降费免利息等10余项中、长、短期惠民政策，且大多数政策延续到2021年7月。例如，增加儿童补助，降低中小企业房租和税额，延长房贷还款期限，对医疗用品生产商实施免税，增加家庭收入，缩减不必要开支等一系列政策。2020年11月18日，为稳定国内食品市场，呼日勒苏赫政府通过免征进口食品及小麦、大米、小米、荞麦、植物油、砂糖关税和增值税议案，并提交国家大呼拉尔讨论。

2021年1月29日，奥云额尔登接任呼日勒苏赫，成为新一届政府总理。因其曾经担任呼日勒苏赫政府办公厅主任，参与呼日勒苏赫政府决策较多，担任总理以后，新一届政府的执政理念和大政

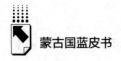
方针政策基本延续呼日勒苏赫政府的。随着疫情常态化，以及国际局势的变化，政府对国内发展政策的先后顺序做了微调，例如，通过提高疫苗接种率，增强全民免疫能力，恢复蒙古国经济社会发展。

奥云额尔登政府通过与世界银行、国际货币基金组织、世界卫生组织、联合国驻蒙古国代表、联合国儿童基金会代表等交流，争取疫苗，提高蒙古国公民的新冠疫苗接种率。2021 年 2 月 14 日，政府通过《保护健康并振兴经济的 10 万亿图格里克综合计划》，主要用于扶持中小企业家、青年创业以及增加对农业和农民的支持。截止到 2022 年 3 月底，"共向 6.4 万家企业发放总计 4.73 万亿图格里克的贷款，为蒙古国经济复苏创造条件"①。2021 年 12 月 6 日，奥云额尔登政府细化呼日勒苏赫政府"坚持从实施关怀政策向实施劳动政策转变、从发展采矿业向发展加工业方向转变、从进口国向出口国转变"目标，提出以"口岸复兴"、"能源复兴"、"工业复兴"、"城乡复兴"、"绿色发展复兴"和"国家效率复兴"为主的六项"新复兴政策"，力求恢复国内产业链、供应链实现经济独立发展，"保障外贸和投资不依赖任何国家、可持续增长、包容性增长和多支柱经济结构"②。2022 年 3 月，蒙古国政府就上述直接影响蒙古国经济发展的六个瓶颈问题和俄乌冲突对蒙古国经济发展的影响分别进行综合探讨、评判，力求尽快摆脱疫情和俄乌冲突带来的双重困境。

---

① 《蒙古国经济论坛 2022》，蒙通社网站，https：//www.montsame.mn/cn/read/294355，最后访问日期：2022 年 4 月 18 日。

② 《现任总理当选蒙古人民党主席》，《蒙古消息报》2021 年 12 月 9 日，第 1 版。

呼日勒苏赫政府和奥云额尔登政府的减税降费措施，尽管没有达到预期成效，即低于世界银行、国际货币基金组织、蒙古国中央银行和财政部的预测，但对于缓解经济压力，稳定社会秩序发挥了一定作用。

（三）加速推进"电子蒙古国"项目，推动政府服务网络信息化

疫情的封城禁足措施给蒙古国带来的另外一个深刻变化是提高"电子蒙古国"（E-Mongolia）项目的推进速度和质量。"政务服务电子化"、"网络教学"和"远程医疗"的网络基础设施明显改善，从而推动蒙古国成为"电子化国家"。2019 年蒙古国提出"E-Mongolia"项目，2020 年的新冠疫情促使蒙古国政府彻底改变一直以来遵循的社会政策和工作时间安排以及协调上述关系的政策，并要求深入贯彻符合时代、社会需求和全球趋势的新政策。疫情限制人们的出行，学校需要上课，医院需要救死扶伤，银行需要开展正常业务，政府需要运转，对信息的互联互通和国家政务管理提出网络化要求。国家开始逐步推进信息技术方面的投资。2020 年 8 月，蒙古国与爱沙尼亚合作，联合开发"电子蒙古国"政务服务平台，首次将 106 种政务服务放在该平台。在"电子政府"政策框架下，税务、银行、海关、移民、教育、医疗、保险、邮政、电信等部门多项服务先后进入该系统平台，蒙古国公民在该政务平台可以足不出户办理业务，该平台逐渐被民众接受、喜爱和认同，"在蒙古国积极引进电子服务是最重要的工作。随着全球各大经济体引进电子服务，政府官僚主义和腐败有所减少。

作为老年人我们支持这项工作"①。疫情改变人民的生产生活方式,推动国家治理模式改革。

"E-Mongolia"项目实现蒙古国线上、线下相结合的工作模式、生活方式和教学理念。2020年3月,蒙古国政府和国家特别委员会作出决定,对各个医疗、卫生、国防和内务直属单位,公共交通服务、人口登记、除各级监管单位以外的国家机关和预算内单位,食品、农业、采矿业、重工业以及私营企业采取了停工停产措施,实行在线方式②办公、经营,对教育行业的学前教育机构——幼儿园,义务教育的小学、初中和高中,职业培训中心,中专和高校等采取了封校停课的措施,实行在线远程方式③教学。首次对教育行业进行教育数字化转型,对为公民提供平等和公开的教育机会的在线远程教育、开放教育进行流程、管理规范。但网络教学带来的诸多教育方面的问题,引起教育专家的高度重视,"蒙古国政府的措施不够精准明确,政策之间缺乏衔接导致各项政策无法顺利贯彻落实,管理层结构不合理等因素导致疫情防控期间蒙古国17万~20万名儿童和青少年遗漏了应学知识或形成部分知识空白",建议"在可能的情况下支持和恢复课堂教育是非常正确的做法"。

政府原计划在2021~2024年完成90%电子化工程,由于疫情,该项目推进速度加快。2021年1月29日,新当选的奥云额尔登总理提出的四大目标之一就是"公正公平与电子化治国理政",明确表示"不支持公共服务电子化的官员将被视为支持腐败,并会向

---

① 《"E-Mongolia"中心获得市民赞扬》,《蒙古消息报》2021年12月2日,第7版。
② 在线方式,是指基于网络进行活动的方式。
③ 远程方式,是指运用电视和无线电广播进行活动的方式。

其追究责任"①。2021 年 8 月 18 日，奥云额尔登政府召开会议成立为国家高效政务服务的国家改革委员会和电子发展与通信部，用以推进"E-Mongolia"项目。2021 年 11 月，奥云额尔登总理在其提出的六项"新复兴政策"中，再次提出该项目的重要性，并提出将一些政府职能移交给私营部门或者专业委员会。2021 年 12 月 21日，运营百年的蒙古国电信与私营企业合作，实现"公私合营"，为蒙古国电信全面发展注入活力。截至 2021 年 11 月， "E-Mongolia"系统向民众提供 6 个单位的 562 项服务。2022 年 1 月，移民局、自然环境与旅游部等部委相继加入"E-Mongolia"系统平台，推动蒙古国政务服务便捷、高效和透明，减少人为干预因素，提高公民对国家的信心。

（四）与国际、地区组织合作，助力本国发展

加强与国际合作是蒙古国转型后的一大外交战略。除了联合国，蒙古国借助其位于东北亚和中亚连接处的地缘优势，积极参与联合国框架下的国际组织、区域合作组织，扩大其外交朋友圈。截至 2020 年，蒙古国已加入 294 个多边协定和公约，约 80 个国际和区域政府间组织，在疫情防控期间，联合国、其他国际组织和捐助国仍然在保护人口健康和克服经济、金融和健康挑战方面继续发挥着重要作用。从世界卫生组织获得专业建议，且接收的疫苗大部分是来自国际新冠肺炎疫苗实施计划（COVAX）以及日本等国家的捐赠。

---

① 《蒙古国新总理奥云额尔登提出的四大目标》，《蒙古消息报》2021 年 1 月 4 日，第 1 和第 2 版。

当然，这次疫情让蒙古国看到自身经济短板和与国际社会以及邻国合作的弱势。矿产能源、天然气、基础设施建设是两任政府的切入点和抓手。在矿产能源方面的总体目标是"蒙古国资源，蒙古国做主"，将私有化的企业和矿产资源收回并进行国有化，让蒙古国民众在国有资源中获利，摆脱贫困。两任政府的一个重要工作是对收回的额尔登特铜矿、奥尤陶勒盖铜金矿、塔温陶勒盖煤矿等国有战略矿进行股权、制度以及管理层改革，增加产品出口附加值。

绿色发展方面，两任政府坚持不懈推动与俄罗斯的天然气合作，希望中俄天然气管道能够经过蒙古国，提升蒙古国清洁能源利用率，并获得过境费收入。根据报道，2022年1月25日，蒙古国副总理和俄罗斯天然气公司签署确认完成天然气管道项目技术经济可行性研究报告的纪要文件，双方计划在2022年和2023年共同完成管道施工设计工程。① 这是一项涉及中、蒙、俄三国区域合作的项目，具有重要的战略意义。

此外，2021年蒙古国总统提出"十亿棵树"绿色环保计划，发展清洁能源。奥云额尔登政府将此计划提升到国家层面予以重视。绿色环保计划首先从首都乌兰巴托的煤电设备改造开始，逐渐引进清洁能源。此外，对矿产资源企业进行整顿，并于2020年成立"生态警察办公室"，严厉打击各种破坏生态环保的违法行为。

疫情增加蒙古国出口运输的压力，中蒙、蒙俄边境口岸进出

---

① 《蒙俄签署确认完成天然气管道项目技术经济可行性研究报告的纪要文件》，《蒙古消息报》2022年1月27日，第1版。

口货运海关边检查验面临新的要求和难度，由于双边口岸疫情防控管理制度的差异，大量蒙古国出口商品，特别是资源性商品滞留口岸，特别是中蒙口岸。为此，奥云额尔登担任蒙古国总理后，进行"公（路）转铁（路）"运输方式调整，一方面升级蒙俄合资乌兰巴托铁路基础设施，提高铁路运输能力，另一方面，自力更生，借助国内人力、资金、技术等资源，修建已经规划的诸如塔温陶勒盖至宗巴彦，至嘎顺苏海图等"支线"铁路，联通主要矿区到口岸或者工业城市的铁路运输。2022 年 6 月，蒙古国自主完成塔温陶勒盖至嘎顺苏海图铁路，预计 7 月试运行。随着铁路升级换代和"公改铁"线路的增多和延长，铁路运力增加，运输成本大幅降低，对蒙古国生态环保、扩大就业、发展经济等发挥积极作用。

三 蒙古人民党"一党占三高"面临的风险与挑战

蒙古国总统、总理和国家大呼拉尔主席全部来自蒙古人民党是 20 世纪 90 年代蒙古国转型以来首次出现的新政治局面。按照现行宪法规定，2024 年进行第九次国家大呼拉尔选举，2027 年进行修宪后第二任 6 年制总统选举。其间，不出意外，蒙古人民党将有 3 年"一党占三高"的执政期。如何与新冠疫情抗争，如何在疫情常态化下实施高效的治国理政，既是对蒙古人民党继续执政的考验，也是对呼日勒苏赫总统未来树立更好形象，竞选国家大呼拉尔主席，成为蒙古国转型以后集"总理-总统-国家大呼拉尔主席-蒙古人民党主席"于一身"大满贯"的政治考验。

（一）蒙古人民党"一党占三高"的政治优势

国家大呼拉尔主席、总统和总理之间的高效协调能力是执政优势。从国家大呼拉尔主席赞丹沙塔尔、总统呼日勒苏赫和总理奥云额尔登的履历中可以看出，三人都是蒙古人民党内的"老人"。从学校毕业以后，三人一直都在政府部门工作，没有离开蒙古国政坛，对蒙古国的政治生态环境相对熟悉，治国理政方面容易达成一致。尤其是现任总统呼日勒苏赫，在其中发挥了"枢纽"作用。年龄上，呼日勒苏赫大于国家大呼拉尔主席赞丹沙塔尔和总理奥云额尔登，发挥维护安定团结的作用。资历上，呼日勒苏赫较国家大呼拉尔主席和时任总理丰富，担任过四届议员、两任副总理、两任总理，具有较为丰富的执政经验。行为作风上，现任总统军人出身，一直保持廉洁奉公、敢说敢做、雷厉风行的工作作风，在蒙古人民党内具有较高的声望，在蒙古国民众中口碑较好，是不少年轻人追随的政治榜样。这是蒙古人民党的一大执政优势。三年的抗疫救市举措，用事实证明了蒙古人民党的执政能力，夯实了蒙古人民党的民意基础。

（二）蒙古人民党未来面临的风险与机遇

"一党占三高"的政治局面是蒙古人民党自蒙古国转型发展30年来最好的，证明了蒙古人民党在蒙古国转型发展30年的自我革新、改革得到了人民的认可。未来，蒙古人民党面临的重大挑战有以下几个方面。其一，在疫情常态化下，将疫情防控在合理区间，保证其不反弹、不蔓延，高效落实政府提出的六项"新复兴政策"，实现"四大目标"，确保国内政治经济持续稳定发展。其二，从俄乌冲突后的世界格局变化中找到合理的站位，处理好与中俄的关系，为其营造一个良好的周边环境。其三，债务危机、本币贬值、对外贸易额下滑、失业率上升是疫情给蒙古国带来的"累积危机"和治理风险。这就需要蒙古人民党继续保持传统老党、大党的优良作风，抓住"一党执政"、"党政合一"以及疫情常态化发展的机遇，调整其政党、政治、经济等内政外交政策，高效落实"新复兴政策"，实现蒙古国经济复苏与振兴的"四大目标"。

政治上，继续进行党内改革，推动国家大呼拉尔和政府完善民主体制，健全法治环境，加强法治建设，清理整治跨党派政治势力和商业寡头，营造风清气正的"政治生态系统"，致力于"建立公平正义的国家治理秩序，保障人权、促进性别平等，减少社会不公平现象，支持中产阶级，在实施国家长期发展规划纲要《远景-2050》的基础上，奋力实现后疫情时代的经济与社会可持续发展目标"①。实现蒙古人民党倡议的保障和实现社会公平与正义，努力提高人民生活质量，实现城乡均衡发展。这是蒙古人民党能够继续执政的政治基础和民意基础。

经济上，借助疫情对蒙古国出口经济冲击的"时间档"，对国有矿产资源企业进行深度改革，使其成为"国家控制"企业，建立资源基金，让国民成为国有自然资源的真正主人，推动采矿业向加工制造业转变，大力发展高新技术产业，提高产品附加值，增加出口商品的技术含金量，解决高度依赖出口型经济这一结构性

① 《蒙古国新政府宣誓就职》，《蒙古消息报》2021年2月4日，第1版。

问题。

外交上，需要综合评估疫情常态化发展以及俄乌冲突后蒙古国外交面临的优势和劣势，以及进出口面临的诸多瓶颈、阻碍性因素，合理发展与国际、地区组织关系，有效、高效利用国际、地区组织以及发达国家的援助，合理拓展可利用、可挖掘的外交空间。

最后，总统呼日勒苏赫尽管已经卸任蒙古人民党主席一职，但作为蒙古人民党曾经的党员、党主席，需要保持政治"本色"，借助个人在国民中的威望，同国家大呼拉尔和政府紧密合作，维护国家主权与安全，致力于健全和完善尊重人权的民主制度和自然资源公平合理分配制度，致力于建立并完善独立公正的司法制度，从"优秀总理"变为"优秀总统"，推动后疫情时代蒙古国经济与社会的可持续发展。

专题报告 ⟫

B.2

修宪以后蒙古国总统选举
及新总统执政理念分析

照日格图*

摘 要: 2021年的总统选举是蒙古国自1992年实行设有总统的议会制以来举行的第八届总统选举，也是蒙古国新修订的宪法和总统选举法生效后首次进行的总统选举，因此，备受国际国内关注。纵观乌·呼日勒苏赫的竞选纲领、就职演讲及执政经历，他的执政理念主要体现在四个方面：团结、合作；公平、正义；蒙古国资源，蒙古国做主；继续奉行多支点外交政策。本报告主要分析蒙古国修宪后新总统选举过程及总统执政理念落实情况。

---

* 照日格图，内蒙古自治区社会科学院内蒙古"一带一路"研究所副研究员。

关键词： 蒙古国 修宪 总统选举 国家治理

2021 年 6 月 25 日，蒙古国第六任总统乌·呼日勒苏赫宣誓就职。乌·呼日勒苏赫在 2021 年 6 月 9 日举行的蒙古国第八届总统选举中以 67.76% 的得票率获胜。这是蒙古国自 1999 年以来举行的所有总统选举中得票率最高的。2019 年 11 月 14 日新修订的蒙古国宪法规定，总统任期 6 年，不得连任、不得重复参选。因此，乌·呼日勒苏赫成为蒙古国首位任期 6 年的总统。

一　选举过程

（一）宪法修正案和选举时的争议

2021 年的总统选举是蒙古国自 1992 年始实行设有总统的议会制以来举行的第八届总统选举，也是蒙古国新修订的宪法和总统选举法生效后首次进行的总统选举，因此，备受国际国内关注。2020 年 12 月 20 日，国家大呼拉尔通过了《总统选举法》修正案。该法是 2021 年最受争议的法律之一。[①] 因为根据 2019 年 11 月修正，并于 2020 年 5 月 25 日实施的蒙古国宪法规定，"总统任期为 6 年，不得连任、不得重复参选。50 周岁以上、在蒙古国连续居住 5 年以上的蒙古国籍公民具有参选总统资格"。新宪法修正案将蒙古国

---

① 〔蒙〕Мягмардулам. С.：《蒙古国首位任期六年的总统》，蒙通社网站，2021 年 7 月 8 日，https：//www.montsame.mn/cn/read/269323，最后访问日期：2021 年 8 月 6 日。

总统每届任期由 4 年改为 6 年，由可以连任两届改为只能担任一届。2021 年是蒙古国实施新宪法后第一次 6 年制总统选举。由此，当时的总统是否会再次参选的问题成为公众关注的焦点。对此，有人认为，尽管新宪法对总统的任期进行了修改，但是 50 周岁以上的所有公民，包括时任总统哈·巴特图勒嘎在内和历任总统，都有资格参加 2021 年的总统大选。有人则认为，宪法规定总统只能担任一届，就应该严格按照此规定执行，不能再区分今后和过往，让曾担任过总统的人再次参选。① 后来该问题被提交至宪法法院。根据宪法法院最终结论，只有从未当选总统的蒙古国公民才有资格竞选总统。据此，2021 年 4 月 29 日举行的国家大呼拉尔会议对《总统选举法》进行了修订，从而当时的总统哈·巴特图勒嘎和历任总统未能再次参选。②

（二）候选人的提名与纠结

蒙古国是议会制国家，国家大呼拉尔是国家最高权力机关，总统是国家元首兼武装力量总司令。国家大呼拉尔共有 76 个议席，其中蒙古人民党 62 个席位，民主党 13 个席位，"正确人选民联盟"中的劳动国家党 1 个席位。根据蒙古国现行宪法规定，国家大呼拉尔中拥有席位的政党或联盟有权单独或联合提名总统候选人。

2021 年 5 月 2 日，蒙古国各政党正式宣布 2021 年总统候选人

---

① 商那拉图：《总统选举法解读》，"修宪及疫情下蒙古国总统大选及其对中蒙关系的影响"国际研讨会，呼和浩特，2021 年 5 月 18 日。

② 〔蒙〕Мягмардулам. С：《蒙古国首位任期六年的总统》，蒙通社网站，2021 年 7 月 8 日，https：//www.montsame.mn/cn/read/269323，最后访问日期：2021 年 8 月 6 日。

提名。国家大呼拉尔议员，蒙古人民党主席，蒙古国第 30、31 任总理乌·呼日勒苏赫获得蒙古人民党提名。国家大呼拉尔委员、民主党党员、蒙古国第 27 任总理诺·阿勒坦呼亚格获得以奥·朝格特格日勒为主席的民主党提名。民主党前主席、国家大呼拉尔前委员斯·额尔登获得以米·图勒嘎特为主席的民主党提名。国家大呼拉尔前议员、绿党前主席、数据通信有限责任公司经理丹·恩赫巴特获得"正确人选民联盟"提名。5 月 5 日，总选举委员会拒收国家大呼拉尔委员诺·阿勒坦呼亚格的竞选资格材料。总选举委员会主席普·德勒格尔那仁强调，"法律规定各政党只能提名一位候选人，但民主党提名了两个人"。因此，希望民主党在内部解决矛盾后再次发送相关竞选材料。之后，诺·阿勒坦呼亚格等民主党成员进行了一周左右的抗议，多次讨论协商。蒙古国总选举委员会认为诺·阿勒坦呼亚格不具备选举提名要求，因此，不受理诺·阿勒坦呼亚格的竞选材料。[①] 最终，乌·呼日勒苏赫、斯·额尔登、丹·恩赫巴特三位候选人在 2021 年 5 月 24 日获得正式参加总统选举的资格。

（三）疫情之下的竞选宣传与投票

此次总统选举是在蒙古国新冠病毒感染病例与日俱增的这一时期举行的。根据蒙古国总统选举法相关规定，总选举委员会向总统候选人正式颁发资格证书之后，总统候选人将正式开始为期 15 天的

---

① 〔蒙〕Munkh-Orgil. S：《蒙古国各政党宣布 2021 年总统候选人提名》，蒙通社网站，2021 年 5 月 6 日，https：//www. montsame. mn/cn/read/262913，最后访问日期：2021 年 6 月 6 日。

各种竞选宣传活动。在竞选宣传期间，2021 年 6 月 5 日，"正确人选民联盟"提名的蒙古国总统候选人丹·恩赫巴特感染新冠病毒。至此，"正确人选民联盟"领导宣布暂停所有会见和竞选宣传活动，并呼吁蒙古人民党总统候选人乌·呼日勒苏赫和民主党总统候选人斯·额尔登停止所有线下形式的竞选宣传活动，并改为线上模式。对此，为防止蒙古国新冠疫情扩散，蒙古人民党宣布蒙古人民党总统候选人竞选宣传活动仅通过电子和大众媒体进行宣传和最终辩论。

2021 年 6 月 9 日 7 时至 22 时，蒙古国举行了第八届总统大选投票，此次蒙古国总统大选投票，仅持续了一天。

根据投票结果，蒙古国总统选举投票在全国 2087 个投票点举行。2049379 名注册选民中，1216246 名选民参加投票，全国总投票率为 59.35%。其中，在海外的 7394 名登记的蒙古国选民中，共有 3299 人通过蒙古国驻外使领馆等提前进行了投票。注册选民中 18~24 岁的人占 15.1%，25~40 岁的人占 40.9%，41~56 岁的人占 28.5%，57 岁及以上的人占 15.4%。[1] 最终的投票统计结果显示，在 3 名总统候选人中，蒙古人民党候选人乌·呼日勒苏赫获得 823326 张选票，占 67.69%，位列第一，当选了第八届蒙古国总统。"正确人选民联盟"候选人丹·恩赫巴特获得 246968 张选票，占 20.31%，位列第二；民主党候选人斯·额尔登获得了 72832 张选票，占 5.99%，位列第三。此外，还有 71937 张白（作废）票，主要是因为未勾选任何候选人（见表 1）。为解决计票的准确性问题，

---

[1] 娜尔恩：《浅析蒙古国总统选举走势》，中国银行乌兰巴托代表处公众号，2021 年 5 月 31 日，https://mp.weixin.qq.com/s/_TTtZjR_4gjOnAOddo3ZWA，最后访问日期：2021 年 6 月 30 日。

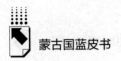

表1 2021年蒙古国总统选举投票结果

单位：个、人、%

序号	省（区）	选区数	选民数	临时调整	参加选民 人数	参加选民 占比	投票 人数	乌·呼日勒苏赫 人数	乌·呼日勒苏赫 占比	斯·额尔登 人数	斯·额尔登 占比	丹·恩赫巴特 人数	丹·恩赫巴特 占比	白票 人数	白票 占比
1	后杭爱	105	61277	6	34192	55.80	34175	23870	69.81	6186	18.09	3048	8.91	1073	3.14
2	巴彦乌列盖	97	61642	45	36179	58.69	36153	29474	81.47	2636	7.29	1616	4.47	2427	6.71
3	巴彦红戈尔	102	56480	11	31579	55.91	31532	23522	74.49	1898	6.01	2507	7.94	3605	11.42
4	布尔干	70	40571	10	22778	56.14	22753	17825	78.26	1401	6.15	2290	10.05	1237	5.43
5	戈壁阿尔泰	88	37530	6	21680	57.77	21674	18336	84.58	1099	5.07	1640	7.56	599	2.76
6	戈壁苏木贝尔	9	10722	2	6555	61.14	6548	5032	76.77	414	6.32	846	12.91	254	3.87
7	达尔汗乌拉	40	65553	40	36677	55.95	36636	24714	67.38	1628	4.44	7764	21.17	2530	6.90
8	东戈壁	57	44977	20	27422	60.97	27384	20434	74.52	1476	5.38	4336	15.81	1138	4.15
9	东方	72	51837	18	28869	55.69	28778	21291	73.75	1433	4.96	4292	14.87	1762	6.10
10	中戈壁	52	30361	3	16178	53.29	16173	12786	79.03	856	5.29	1726	10.67	805	4.98
11	扎布汗	109	47391	5	28955	61.10	28945	22058	76.16	1915	6.61	3220	11.12	1752	6.05
12	鄂尔浑	38	67525	40	39794	58.93	39756	27408	68.87	1530	3.84	7962	20.01	2856	7.18
13	前杭爱	110	74353	8	41486	55.80	41456	32897	79.25	1915	4.62	4284	10.33	2374	5.72
14	南戈壁	61	45800	16	24116	52.66	24096	17870	74.10	1625	6.74	3170	13.14	1431	5.93
15	苏赫巴托尔	65	41104	6	26616	64.75	26599	23215	87.22	880	3.31	1356	5.09	1148	4.31
16	色楞格	56	70338	17	35990	51.17	35961	25149	69.88	2401	6.67	5901	16.40	2510	6.67
17	中央	98	62051	13	33819	54.50	33787	26481	78.30	1560	4.61	4073	12.04	1673	4.95
18	乌布苏	92	51990	9	30545	58.75	30510	23642	77.40	1063	3.48	2689	8.80	3116	10.20
19	科布多	91	54293	16	32929	60.65	32943	24366	74.00	3349	10.17	4176	12.68	1052	3.19

续表

序号	省（区）	选区数	选民数	临时调整	参加选民 人数	参加选民 占比	投票 人数	乌·呼日勒苏赫 人数	乌·呼日勒苏赫 占比	斯·额尔登 人数	斯·额尔登 占比	丹·恩赫巴特 人数	丹·恩赫巴特 占比	白票 人数	白票 占比
20	库斯古尔	129	86595	11	48397	55.89	48347	32931	68.04	4901	10.13	7937	16.40	2578	5.33
21	肯特	89	50120	12	31950	63.75	31938	26356	82.49	2361	7.39	2393	7.49	828	2.59
	省区结果	1630	1112510	314	636706	57.3	636138	479639	75.33	42527	6.68	77224	12.13	36748	5.77
1	巴嘎诺尔区	11	18393	10	10965	59.62	10962	7940	72.41	670	6.11	1920	17.51	432	3.94
2	巴彦杭盖区	2	2726	1	1767	64.82	1765	1492	84.44	65	3.68	156	8.77	53	3.00
3	巴彦格乐区	77	140058	205	93126	66.49	93045	48954	52.57	8361	8.98	30249	32.48	5481	5.89
4	巴彦祖尔赫区	103	230458	315	139679	60.61	139585	82796	59.28	5627	4.03	42414	30.37	8748	6.26
5	纳来哈区	13	24259	19	14230	58.66	14218	10309	72.45	667	4.69	2570	18.06	672	4.72
6	宋给纳海尔汗区	102	200400	203	117819	58.79	117882	79244	67.26	4742	4.02	26692	22.66	7004	5.94
7	苏赫巴托尔区	42	89545	111	57735	64.48	57654	32710	56.66	3193	5.53	18090	31.33	3661	6.34
8	汗乌拉区	62	126209	162	80467	63.76	80364	43237	53.73	4063	5.05	27890	34.66	5174	6.43
9	青格尔泰区	45	97427	89	58134	59.67	58082	35830	61.63	2757	4.74	15680	26.97	3815	6.56
	首都结果	457	929475	1115	573922	61.75	573357	342512	59.68	30145	5.25	165660	28.86	35040	6.11
	国外	1	7394		5618	75.98	5588	1175	20.91	160	2.85	4084	72.69	149	2.65
	共计	2088	2049379	1429	1216246	59.35	1215083	823326	67.69	72832	5.99	246968	20.31	71937	5.91

资料来源：www.MNB.mn，最后访问日期：2021年7月16日。

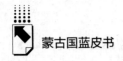

2020年12月26日通过的《总统选举法》规定，除了使用自动计票系统外，还要进行人工计票，确保了图像识别技术的计票系统结果与人工计票结果一致。

另外，蒙古国是欧洲安全与合作组织第57个成员国。蒙古国总选举委员会邀请欧盟成员国和国际组织派观察员，对蒙古国2021年总统选举进行了监督，保障了选举、投票的公开、透明和自由的环境。

二 胜选原因

蒙古人民党候选人乌·呼日勒苏赫胜选的主要原因可分析为以下几点。

第一，从政时间长、多岗位锻炼、熟悉国情。乌·呼日勒苏赫曾四次当选国家大呼拉尔委员（议员），任蒙古民主社会青年联盟主席、蒙古人民党总书记、部长等职，并于2014~2015年、2016~2017年两次出任副总理，2017年10月、2020年6月两次出任总理，2017年11月当选蒙古人民党主席，对蒙古国社会经济情况、政党建设、国内外事务非常清楚和了解，是蒙古国国内公认的最有影响力的政治家。

第二，蒙古人民党利用执政优势为其站台拉票。乌·呼日勒苏赫是蒙古人民党的主席，在党内威望高，以便于蒙古人民党在国家大呼拉尔占多数席位的优势使2021年4月29日修改的《总统选举法》顺利通过，把时任总统和前任总统排除在这次竞选之外。另外，2021年4月，蒙古人民党和蒙古人民革命党合并，提高了乌·呼日勒苏赫在党内的支持率，同时也因蒙古人民革命党主席恩和巴雅尔对其支持而获得更多选民的支持。

第三，本土修养，理念根植于蒙古国。乌·呼日勒苏赫所学专业为政治学、管理学和法学，没有在国外长时间学习、进修和生活的经历，加之其出身于蒙古人民党干部家庭，属于中产阶级，对蒙古国国情文化，特别是蒙古国民主转型认识较深。其担任蒙古国总理期间采取多种改革措施，帮助蒙古国摆脱贫困、解决乌兰巴托空气污染，特别是在2020年的疫情防控方面成效显著，为蒙古人民党在2020年蒙古国国家大呼拉尔大选获胜立下汗马功劳，成为蒙古国民众心目中的英雄。

第四，竞选纲领中提出的目标吸引了更多选民。乌·呼日勒苏赫在竞选纲领中提出民众所希望的"建立民主体制和法治化国家，建立资源基金，推进国家建设，让民众获得红利，进一步提升蒙古国在联合国以及国际舞台上的地位和声誉，要建设拥有强大经济实力的蒙古国"等一系列目标。这些目标与民主党总统候选人斯·额尔登提出的"建立一个具有现代共同价值观的自由社会，恢复蒙古人所失去的自由、幸福、自由贸易、商业和无恐惧感的正常生活"的目标和"正确人选民联盟"候选人丹·恩赫巴特提出的"进一步完善社会和经济，提高民生水平，捍卫正义，反对腐败，使每一名蒙古人都能够参与到国家发展建设中，依靠知识能力和技术建设新蒙古"的目标相比，更全面、更科学，更符合选民的意向，从而得到了更多的选票。换句话说，乌·呼日勒苏赫的"财富主人"口号比斯·额尔登和丹·恩赫巴特的"民主蒙古"和"蒙古能做"口号更有号召力。

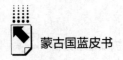

第五，军人出身，个人能力强。选民是"上帝"，蒙古国是直选，不是区选，选民心态更为重要，历届国家大呼拉尔大选和总统大选已有见证。蒙古国选民不太重视候选人背后的政党，只看候选人的政绩和能力。乌·呼日勒苏赫从政以来所做的反腐败、疫情防控、治理污染、政党建设、外交事务等很多方面，展示了其个人能力和才华，这是蒙古国民众有目共睹的。

第六，民主党内部发生的矛盾，给斯·额尔登的此次参选带来了不利影响。民主党在2020年议会选举中失利以来，在党主席选任、总统候选人提名方面产生了严重分歧，导致民主党分裂为两派，失去了选民的信任。在总统选举中，民主党候选人斯·额尔登只获得了72832张选票，占5.99%，以失败告终。

第七，"正确人选民联盟"候选人丹·恩赫巴特，相比乌·呼日勒苏赫和斯·额尔登没有长期从政经验，其所在的政党影响力小，再加上感染新冠病毒等原因，也在选举中失利。

乌·呼日勒苏赫凭以上优势和机会，在2021年6月9日蒙古国总统大选中，击败"正确人选民联盟"候选人丹·恩赫巴特和民主党候选人斯·额尔登，当选为蒙古国新一届总统。

三 执政理念

2021年6月25日，乌·呼日勒苏赫宣誓就职，成为蒙古国修宪后的第一任6年制总统。蒙古国进入总统、总理和国家大呼拉尔主席集于"蒙古人民党一身"的新政治局面。这是20世纪90年代蒙古国民主转型以来首次出现的政治格局。按照现行宪法规定，

2024 年进行第九次国家大呼拉尔主席选举，2027 年进行修宪后第二任 6 年总统选举。其间，蒙古人民党有 3 年的"一党执政期"。蒙古人民党出身的新任总统乌·呼日勒苏赫如何带领蒙古国走出疫情造成的经济困境，如何实现其"民主、自由、平等"发展目标，如何引领蒙古国内政外交，这不仅令蒙古国民众拭目以待，也引起了蒙古国周边国家的高度关注与重视。

（一）团结、合作理念

蒙古国总统是国家元首，代表着人民的团结，是武装力量总司令、国家安全委员会主席。乌·呼日勒苏赫在竞选纲领中提出"不存在蒙古人民党或民主党的蒙古国，我们只有一个祖国。蒙古国的独立主权、安全和发展的基础是团结。所以，维护团结是总统的首要任务"。2021 年 6 月 25 日，乌·呼日勒苏赫在国家大呼拉尔宣誓就职后发表讲话说，作为蒙古国总统，他十分珍视人民团结并将全心维护社会公平正义。乌·呼日勒苏赫在担任蒙古国总理期间采取的多种改革措施有效实施，在 2020 年蒙古国国家大呼拉尔大选中带领蒙古人民党获胜等很多成就，离不开党内外的团结与合作。另外，2021 年 4 月 29 日，蒙古人民党和蒙古人民革命党合并、联手，提名乌·呼日勒苏赫为蒙古人民党总统候选人，最终击败其他候选人，就是一个例证。乌·呼日勒苏赫出任蒙古国总统，蒙古国进入了总统、总理和国家大呼拉尔主席集于"蒙古人民党一身"的新政治格局和"一党执政时期"。他曾表示"在任期内，将同国家大呼拉尔和政府紧密合作，维护国家主权与安全，致力于健全和完善尊重人权的民主制度和自然资源公平合理分配制度，致力于建

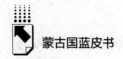

立并完善独立公正的司法制度"等。未来,蒙古国在"一党执政"下,将进入一个政治"稳定期",作为总统乌·呼日勒苏赫将会全力支持国家大呼拉尔、政府、蒙古人民党以及其他党派,推进国家治理,使蒙古国的社会事业发展得更好。所以,笔者认为,团结、合作是乌·呼日勒苏赫的治国理政的首要理念,也是树立其他执政理念的基础。

(二)公平、正义理念

蒙古国是议会制国家,国家大呼拉尔是国家最高权力机关。乌·呼日勒苏赫认为蒙古国最大的民主就是议会制政府。他在总统竞选纲领和就职演讲中多次承诺,一定要"完善民主体制、建立议会制政府,建立法治化国家",并提出两个目标:第一,要重视加强"社会正义",尤其是建立拥有独立和公正的司法机构和检察机构;第二,重视加强人权、自由、民主体制和法治国家建设。乌·呼日勒苏赫任政府总理兼蒙古人民党主席期间,利用蒙古人民党在国家大呼拉尔拥有绝对优势席位,通过了宪法修正案,2020年赢得国家大呼拉尔选举后,落实宪法修正案,并通过了《总统选举法修正案》、《反腐败法修正案》、《外国公民地位法修正案》等诸多法律。乌·呼日勒苏赫宣誓就职后不到一个月,2021年7月6日,由蒙古国司法和内政部,蒙古国警察总局、情报总局和反贪局组成的工作组对扎门乌德县6名官员进行免职,并因涉嫌贪污腐败对扎门乌德县县长等6名官员进行了逮捕。另外,蒙古国政府已经决定成立一个反腐败委员会,其目的是降低腐败指数。这是因为蒙古国政府的决策没有充分得到落实,导致在获取公共服务方面出现了官僚主义和腐败现象。乌·呼日勒苏赫曾强调，为实现公平和正义，蒙古国多年来采取了一些措施，但未达到理想效果，他愿为民众公平获益而竭尽全力。未来，作为总统、国家元首，乌·呼日勒苏赫支持国家大呼拉尔和政府，加强法治建设，依法推进蒙古国社会治理，清理整治跨党派政治势力和商业寡头，以此保障蒙古国人民奉行的"人权、自由、民主、公正的民主体制，创建一个公平正义的社会秩序"。

（三）"蒙古国资源，蒙古国做主"理念

蒙古国地大物博，矿产资源丰富。目前，蒙古国境内已探明的有 80 多种矿产和 6000 多个矿点，主要有铁、铜、钼、煤、锌、金、铅、钨、锡、锰、铬、铋、萤石、石棉、稀土、铀、磷、石油、油页岩矿等，煤炭、铜、金矿储量居世界前列。目前已探明煤炭蕴藏量约 1620 亿吨、铜约 3600 万吨、铁约 20 亿吨、磷约 2 亿吨、黄金约 3000 吨、石油约 15 亿桶。[1] 蒙古国矿产资源开发尚处于起步阶段，基础设施相对落后，目前尚有部分矿藏仍处于转让、勘探、建设阶段。大型矿藏有额尔登特铜矿、奥尤陶勒盖铜金矿、塔温陶勒盖煤矿等。近十年来，蒙古国确立"矿业兴国"战略，强调美国、加拿大、日本等"第三邻国"的资本介入，导致本国利益严重受损。另外，蒙古国属于经济发展外向型程度较高的国家，尤其是 2020 年新冠疫情暴发以来，该国经济对外的高度依赖

---

[1] 《对外投资合作国别（地区）指南：蒙古国（2020 年版）》，中华人民共和国商务部网站，http://www.mofcom.gov.cn/dl/gbdqzn/upload/mengguguo.pdf，第 1 页，最后访问日期：2021 年 9 月 23 日。

性和自身脆弱性进一步暴露。① 为此，乌·呼日勒苏赫任总统期间，将会协助政府继续推进国有资产改革，继续推行任总理时期的经济政策。将私有化的国有企业和矿产资源收回国有控制，把国家资源还给国民，让蒙古国民众在国有资源中获利，摆脱贫困，实现其承诺的"在保护和完善人权和自由被认可的、具有市场经济的社会基础上，蒙古国人民要成为自己国家自然资源的主人，建立资源基金，推进国家建设，让民众获得红利"。未来，乌·呼日勒苏赫会协助政府对奥尤陶勒盖铜金矿和塔温陶勒盖煤矿两大战略矿进行改革。如果这两个战略矿的股权改革顺利，并以法律的形式予以保护，发挥垂范和标杆作用，则其将以此赢得民心。此外，落实竞选纲领和就职演讲中提出的"在发展多元化经济基础上，未来发展规划中应坚持从实施关怀政策向实施劳动政策转变、从发展采矿业向发展加工业方向转变、从进口国向出口国转变这三个基本发展方向的目标"。这也是乌·呼日勒苏赫在任总理时与国家大呼拉尔主席和时任总统巴特图勒嘎共同的发展目标，已经写在《远景-2050》目标中。

（四）继续奉行多支点外交理念

民主转型后，蒙古国在外交上奉行和平、开放、平衡、多支点的独立外交政策。乌·呼日勒苏赫也将秉承并强化这一外交政策，确保蒙古国外交政策的连续性。

---

① 王浩：《舍曼来访与蒙古国外交政策的变数》，《世界知识》2021年第16期，第30页。

第一，继续保持中俄优先发展的外交战略。2021 年是蒙古人民党成立 100 周年，蒙古国加入联合国 60 周年。任期内，乌·呼日勒苏赫从首脑关系、政党关系来巩固"蒙中全面战略伙伴关系"和"蒙俄全面战略伙伴关系"。2021 年 7 月 16 日和 7 月 22 日，乌·呼日勒苏赫总统分别同中国国家主席习近平和俄罗斯总统普京通电话，就蒙中、蒙俄双边关系以及地区和国际合作问题深入交换意见，并达成很多共识。

第二，进一步实施"第三邻国"外交政策，加强与美国、日本、韩国、印度和欧盟关系。2021 年 7 月 23 日至 25 日，美国常务副国务卿温迪·舍曼（Wendy Sherman）一行到访了蒙古国，短暂时间内密集地与蒙古国国家大呼拉尔主席赞丹沙塔尔、外交部部长巴特策策格、外交部副部长孟赫金、文化部部长诺敏进行了会晤，接见了蒙古国武装力量官兵，还拜访了美国驻蒙使馆资助修建的乔金喇嘛庙等。[①] 双方在经贸、人权、价值观、"第三邻国贸易法案"等领域广泛交流。另外，蒙古国总理奥云额尔登于 7 月 21 日至 25 日期间对日本进行了工作访问。此次访问框架内，双方赞成《蒙日战略伙伴关系中期计划（2017—2021）》顺利完成，并商定讨论 2021~2025 年中期计划内容。因此，乌·呼日勒苏赫的任期内，"蒙美战略伙伴关系""蒙日战略伙伴关系""蒙印战略伙伴关系"将会进一步提升。

第三，蒙古国"第三邻国"外交政策中欧盟将被提到更重要的位置。2017 年蒙古国与欧盟签署了《蒙古国-欧盟伙伴关系与合

[①] 王浩：《舍曼来访与蒙古国外交政策的变数》，《世界知识》2021 年第 16 期，第 28 页。

作协定》，目前欧盟已成为蒙古国第二大出口目的地和第三大进口来源地。[①] 从乌·呼日勒苏赫提出的"从进口国向出口国转变"目标来看，蒙欧未来经贸发展前景广阔，存在着构建战略伙伴关系的可能。一直以来，蒙古国政界、学界普遍认为，利用"第三邻国"制衡中俄是其最为成功的外交战略之一，并将其写进蒙古人民党党纲和国家宪法。蒙古人民党在其政治地位并不完全巩固和稳固的情况下，不会对其外交做出更多、更大调整，继续推进与"第三邻国"的外交，尤其是与国际组织和地区组织关系，提升其融入国际组织和地区组织的速度和质量，以此提高蒙古国在联合国以及国际社会的地位和声誉。

四　执政实践

出任总统以来，乌·呼日勒苏赫信守大选时的承诺，注重团结与合作，与国家大呼拉尔主席和政府总理一直保持良好的互动关系，落实"团结合作；公平正义；蒙古国资源，蒙古国做主；继续奉行多支点外交战略"等执政理念，以遏制腐败、重振经济为目标，着手对国内外政策做出重大调整。

（一）创造安全稳定的政治社会环境

乌·呼日勒苏赫竞选总统时，对国家建设提出清晰目标，即让蒙古国、蒙古国民众都能做"财富的主人"。这是转型转轨

---

① 王浩：《舍曼来访与蒙古国外交政策的变数》，《世界知识》2021 年第 16 期，第 30 页。

30 年来蒙古国民众一直期盼的目标。他提出建立高度独立、公正的司法机构和检察机构，完善议会制政府体制，支持总理奥云额尔登推行的"电子蒙古国"建设，建立反腐败委员会，查处"扎门乌德县腐败案"和"开发银行事件"等一系列民众关心的热点问题。他注重发挥国家元首代表人民团结的象征作用，与历任总统均保持沟通。2022 年新年期间他邀请前任总统一起欢度新年，2022 年 5 月 9 日召集历任总统举行座谈会，大家一致同意建立"历任总统共同合作与磋商机制"，在国家安全委员会框架下就国家安全、民族团结、内外政策等问题进行协商。这个最高规格的非正式"决策"机构不仅发挥着国家"思想库"和"智囊团"的作用，也对促进民族团结起到模范带头作用，同时将"总统"的团结作用发挥到极致，是一项创新性举措。

（二）加速经济的回暖复苏

蒙古国经济外向程度较高，尤其在受新冠疫情及俄乌冲突叠加影响的情况下，经济的对外高度依赖性和脆弱性进一步暴露。乌·呼日勒苏赫提出，在发展多元化经济的基础上，"坚持从实施关怀政策向实施劳动政策转变、从发展采矿业向发展加工业方向转变、从进口国向出口国转变"。在新冠疫情阻断蒙古国产业链、供应链和出口市场的情况下，按照乌·呼日勒苏赫的主张，蒙古国政府采取了扩大投资规模、进一步开拓市场空间以及提高资源使用能效、扶持私营企业并鼓励其进行创新、支持大型基础设施项目、兼顾国家干预和市场机制作用、制定灵活的税收政策等措施。2022 年 1

月，蒙古国政府出台以口岸复兴、能源复兴、工业复兴、城乡复兴、绿色发展复兴和国家效率复兴为主要内容的"新复兴政策"。据蒙古国海关总局统计，2022 年前 5 个月，蒙古国向 56 个国家出口商品，对外贸易额达 72 亿美元，与 2021 年同期相比增长了 13 亿美元，增幅达 22.0%。其中出口贸易额比进口贸易额多 9465 万美元。[①] 根据蒙古国自然环境与旅游部的数据，2022 年前 5 月，外国游客的数量同比增加 391.7%，旅游业收入为 3792 万美元，增幅为 499.1%。[②]

（三）积极推进灵活多元化外交

乌·呼日勒苏赫积极开展元首外交，2021 年 12 月对俄罗斯进行国事访问，将两国全面战略伙伴关系提升到新水平。他还积极推动俄蒙中天然气过境合作项目。一年来他与中国国家主席习近平多次沟通，增进政治互信，夯实友好基础，丰富两国全面战略伙伴关系内涵。2022 年 2 月，蒙古国总理奥云额尔登来华出席北京冬奥会开幕式，并分别与习近平主席和李克强总理会晤。双方同意将深入推进全球发展倡议，将共建"一带一路"倡议同蒙古国《远景-2050》长期发展政策、"新复兴政策"对接，扩大贸易、投资、金融、矿产能源、互联互通、基础设施、数字

---

① 〔蒙〕Doljinsuren. A：《外贸交易额达到 72 亿美元》，蒙通社网站，2022 年 7 月 19 日，https：//www. montsame. mn/cn/read/300905，最后访问日期：2022 年 8 月 20 日。

② 〔蒙〕Lkhagvadulam. I：《今年前五个月，蒙古国共接待 42060 名游客》，蒙通社网站，2022 年 6 月 27 日，https：//www. montsame. mn/cn/read/299487，最后访问日期 2022 年 7 月 15 日。

经济、绿色发展等领域的合作。另外，在"第三邻国"外交框架内，蒙韩关系也提升为战略伙伴关系。为应对全球气候发展变化，乌·呼日勒苏赫发起种植"十亿棵树"的计划，得到了国际社会的高度赞扬与支持，这也有助于提升蒙古国的国际影响力。

俄乌冲突爆发后，尽管面临外部压力，乌·呼日勒苏赫保持"中立"立场，召集国家大呼拉尔主席和总理就相关问题尤其是国家安全问题进行磋商，对政府和社会稳定起到"平心静气"的作用。目前，蒙古国对俄乌冲突的态度依然比较审慎，在联合国相关紧急会议的三次投票中均投出弃权票，展示出相对中立的态度。

五　执政挑战

乌·呼日勒苏赫的执政理念反映了蒙古国当前和未来可持续发展的方向，并且在实践中有所收获。但是，受新冠疫情和俄乌冲突等多重因素的叠加影响，他在竞选期间提出的一些承诺未达到预期目标。

蒙古国国家统计局数据显示，蒙古国 2021 年经济增长 1.4%，国内生产总值（GDP）约为 151 亿美元，2022 年第一季度经济增长仍为 1.4%。① 目前，在"新复兴政策"的作用下，蒙古国经济

---

① 〔蒙〕Lkhagvadulam. I：《国家统计局：经济增长放缓，通胀率达 14.6%》，蒙通社网站，2022 年 3 月 1 日，https://www.montsame.mn/cn/read/290706，最后访问日期：2022 年 5 月 1 日。

虽然有了些许回暖和复苏，但俄乌冲突所引发的新风险使其或将面临更为艰难的挑战。鉴于国家经济现状，蒙古国政府已把2022年经济增速预期从之前的5%下调至2.8%。为了克服当前经济领域面临的困难，蒙古国政府决定，截止到2022年9月，国家将投入3740亿图格里克（约合8.04亿元人民币）的资金以支持社会经济发展。① 蒙古国国家统计局2022年4月1日公布的数据显示，2021年底，蒙古国外债总额为330亿美元，比2020年增加10亿美元，人均负债约1万美元。② 受新冠疫情影响，蒙古国边境口岸开放政策不断变化，矿产品等主要出口贸易严重受阻，商品供应出现短缺，外汇收入大幅缩减，图格里克汇率持续走低，通货膨胀率急剧上升。

在这种情况下，民生领域也出现了不确定因素，包括失业率上升、通货膨胀加剧、物价上涨、收入下降等，这将对蒙古国社会产生不确定影响。

从政治领域看，乌·呼日勒苏赫也面临更加艰巨的执政考验。2021年，蒙古人民党不仅如愿将乌·呼日勒苏赫推上总统职位，而且还掌控了国家大呼拉尔和政府。这是20世纪90年代蒙古国转型以来首次出现的"一党执政"的新政治格局，它有利于减少内耗，可以使总统、国家大呼拉尔主席和总理步调一致地行动。

① 《蒙古国财长：2022年蒙古国社会经济发展或将面临更为艰难的挑战》，中国经济网，2022年4月1日，http://intl.ce.cn/sjjj/qy/202204/01/t20220401_37454815.shtml，最后访问日期：2022年4月3日。

② 〔蒙〕Б. ЖАРГАЛМАА, Засгийн газрын өр өмнөх оноос 779.5 тэрбум төгрөгөөр буурчээ, 2022年3月1日, IKON. MN, 最后访问日期：2022年5月8日。

乌·呼日勒苏赫密切配合国家大呼拉尔和政府，促进政治稳定，使蒙古国社会凝聚力明显增强。为实现公平正义，乌·呼日勒苏赫与跨党派政治势力、商业寡头组织、腐败官员的违法行为开展了严厉斗争。

30 年来蒙古国政治制度整体运行稳定，但是国家大呼拉尔选举、总统选举和政府换届工作中仍存在着一定程度的矛盾和冲突，影响着国家政治制度的有效运行。按照现行宪法规定，2024 年进行第九次国家大呼拉尔选举，2027 年进行总统选举。蒙古国某机构 2021 年 11 月对该国最受欢迎的政治家的调查排名显示，乌·呼日勒苏赫的支持率为 32%，排第一位。但 2022 年 2 月的民调中，认为乌·呼日勒苏赫"工作不称职"的占到 25%，认为其未履行承诺的占到 21%，对其工作给予正面评价的却仅有 19%。[1] 不难看出，乌·呼日勒苏赫的支持率有所下降。

总体来看，新冠疫情和俄乌冲突给蒙古国带来的影响是乌·呼日勒苏赫及蒙古人民党面临的最大难题。据分析，今后，乌·呼日勒苏赫可能会将其执政理念进一步传递到国家大呼拉尔和政府，总统、国家大呼拉尔主席、总理联合起来进一步打好"组合拳"。一是注重克服蒙古国经济的脆弱性，减少对能源进出口的依赖，保障粮食自给自足。二是大力发展绿色产业，尤其是在荒漠的绿色化治理、支柱性产业矿产业的转型升级、传统畜牧业的技术改造等方面更多投入科技力量，扶持中小微企业，增加就业，

---

① 〔蒙〕A. ТӨГӨЛДӨР, Оюутолгойн хэлэлцээр, тэтгэвэр нэмсэн зэрэг нь Ерөнхий сайдын рейтинг өсөхөд нөлөөлжээ, 2022 年 2 月 23 日, IKON. MN, 最后访问日期: 2022 年 4 月 25 日。

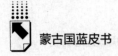

稳定社会，保障民生。三是继续发挥首脑外交的作用，推动多支点的外交政策，构建平衡的外交关系，营造更好的国际环境。如此情况下，乌·呼日勒苏赫如何实现自己的执政理念，还有待进一步观察。

B.3
新冠疫情对蒙古国经济发展的影响

〔蒙〕阿·达瓦苏荣*

摘　要：　本报告主要叙述了世界各国政府为降低新冠疫情风险而采取的经济措施，蒙古国政府应对新冠疫情传播危害的情况，为保护民众避免感染新冠病毒以及弥补因封控造成的经济损失而采取的政策措施的成效。报告分析了新冠疫情对蒙古国主要宏观经济指标下滑的影响，介绍了自1990年以来经济增长首次降至最低水平，实体经济即制造业下滑，国家预算总收入减少和支出增加，"十万亿图格里克"计划措施造成货币供应量增加和居民、企业贷款减少，铜精矿和煤炭出口减少对外贸进出口额下降的影响等情况。

关键词：　蒙古国　新冠疫情　通货膨胀　"十万亿图格里克"计划　货币供应量

一　应对新冠疫情的措施

自2020年1月底新冠疫情暴发以来，全球数亿人感染，导致数

---

* 〔蒙〕阿·达瓦苏荣，博士，教授，蒙古国科学院国际研究所区域与多边合作研究室主任。

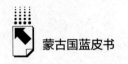

百万人死亡。这成为世界经济面临的新风险和挑战，政府领导寄希望于世界经济在短期内复苏，但形势却日益恶化。虽然世界卫生组织（WHO）和全球各国政府联手采取措施应对威胁人类的新冠疫情，减少危害，但能力、方法尚且不足。世界各国在应对新冠疫情时，基本从三个方面采取了措施：一是增加卫生领域的投融资；二是通过税收政策支持企业；三是通过银行货币政策支持工商业发展。

疫情防控期间，为了防止出现消费品短缺和价格上涨，采取了免除或延期缴纳关税、增值税的措施。然而，新冠病毒一直在变异，已经产生了更危险、更具破坏性的新型病毒变种。2020 年，蒙古国政府采取的封控措施使商业和经济形势持续恶化，造成了失业、贫困和饥饿的危机。

蒙古国同其他国家一样，采取措施应对新型冠状病毒的侵害，保护人民的生命和健康。蒙古国政府制订了包括以下措施的"十万亿图格里克"计划，并取得了一定的成效。

·减轻贷款负担，将 44000 多名抵押贷款借款人的还本付息期限延后到 2021 年 7 月 1 日；

·公民工资、商业和养老金贷款的还本付息期限延后到 2021 年 7 月 1 日；

·蒙古国银行将政策利率降至 6%，商业银行存款准备金率降至 6%；

·自 2020 年 4 月 1 日至年末，免征私营企业的企业所得税；

·自 2020 年 4 月 1 日至 2020 年 10 月 1 日，免征个人所得税；

·被保险人免缴 6 个月的每月 56700 图格里克社会保险费；

· 为保障处于贫困边缘的残疾和低收入贫困弱势群体家庭的温饱需求，每月分别向 0~16 岁儿童发放相当于 16000 图格里克的食品券，向 16 岁以上人群发放相当于 32000 图格里克的食品券；

· 为保障公民安全、温暖度过寒冬，每袋改良型煤球价格从 3750 图格里克降至 940 图格里克，降幅达到 75%；

· 由政府负责支付 2020 年 12 月 1 日至 2021 年 7 月 1 日期间家庭、企业和机构的电费、取暖费、水费和垃圾处理费；

· 为保障正式注册的和未注册的小型企业以及做买卖的公民的就业岗位，政府决定将工资总额维持在 546 亿图格里克。[①]

这些降低商业银行利率，为企业和个人持续经营商业活动创造条件，保障就业岗位，降低贸易、服务与办公场所和柜台租金等措施，即使减少一点点经济困难，都具有重要意义。

然而，自 2021 年 7 月以来，新冠疫情在蒙古国迅速扩大到更多的省和苏木，确诊病例数不断攀高，疫情扩散几乎失控，对国家社会经济形势构成了严重威胁。

二 新冠疫情下的经济指标

新冠疫情迅速传播造成的影响目前难以量化，蒙古国国家统计局发布信息称，新冠疫情已影响蒙古国的经济前景。为了直观地说明，以下列出反映经济现状的部分关键指标。

---

① 《十万亿经济复苏综合计划》，蒙古国政府，2021 年 3 月 24 日，https://mof. gov.mn/article/entry/10-330.3，最后访问日期：2021 年 5 月 24 日。

表1显示,与新冠疫情暴发前的2019年宏观经济指标相比,2020年经济下行4.6%,按2015年不变价格计算的GDP减少12729亿图格里克,人均GDP减少322美元,年末通货膨胀率下降2.9个百分点,牲畜减少390万头,外汇储备增加5.486亿美元,预算赤字占GDP的比重增加了10.1个百分点,对外贸易差额增加7.850亿美元。

表1 2010~2020年蒙古国宏观经济指标

指标	2010年	2015年	2016年	2017年	2018年	2019年	2020年
国内生产总值增长率(%)	6.4	2.4	1.0	5.1	6.9	5.6	-4.6
人均国内生产总值(美元)	2565.2	4217.6	3681.0	3705.0	4171.0	4450.0	4128.0
国内生产总值(10亿图格里克,按当年价格计算)	9756.6	23150.4	23886.4	27160.7	32093.6	32797.0	37453.3
国内生产总值(10亿图格里克,按2015年不变价格计算)	9756.5	15850.7	23235.9	24545.6	26446.7	27928.3	26655.4
年末通货膨胀率(%)	13.1	-5.5	1.3	6.4	8.1	5.2	2.3
外币平均汇率,图格里克	1355.9	1970.7	2147.7	2440.6	2472.7	2663.9	2813.5
外汇储备(万美元)	209120	132310	130390	300810	354910	398560	453420
牲畜数量(万头)	3270	5590	6150	6620	6670	7090	6700
GDP中预算赤字的比重(%)	0.03	-5.0	-15.3	-6.2	0.0	-2.0	-12.1
对外贸易差额(万美元)	-37870	87180	155820	186330	113700	149240	227740

资料来源:蒙古国国家统计局发布的《蒙古国统计年鉴2020》。

综上所述,2020年底蒙古国主要宏观经济指标下滑,表明国内形势恶化,同时肉类、煤炭、铜精矿出口体量增加,寻求外国和国际组织贷款与援助以及预算支出的增加更是雪上加霜。

从表2可以看出，蒙古国经济结构相对不平衡，各个产业发展不稳定，比重有的年份高，有的年份低。究其原因，主要是受新冠疫情影响，蒙古国主要产业如采矿业，建筑，供水、废水、垃圾管理与处理业，批发和零售贸易，汽车和摩托车维修服务，运输与仓储业，酒店、公寓、住房与餐饮服务以及管理与辅助业等行业占GDP的比重在2020年下降所造成的。

表2 2015~2020年蒙古国经济结构

单位：%

产业	2015年	2016年	2017年	2018年	2019年	2020年
农牧林渔业	10.7	5.4	-0.3	6.5	5.2	5.8
采矿业	14.1	-1.6	-3.9	5.4	-1.6	-9.9
制造业	2.6	-7.2	16.4	19.5	3.8	3.4
电力、燃气、蒸汽与通风业	4.5	4.5	4.8	8.6	7.7	2.6
供水、废水、垃圾管理与处理业	-7.0	-2.5	2.8	0.6	0.4	-2.4
建筑	-0.2	-0.4	-1.3	1.8	20.3	-3.2
批发和零售贸易,汽车和摩托车维修服务	-8.1	-0.2	8.2	0.1	10.9	-12.5
运输与仓储业	5.1	6.5	1.0	14.6	4.4	-18.2
酒店、公寓、住房与餐饮服务	3.3	16.9	4.1	16.9	9.5	-23.7
信息与通信	-2.5	1.1	-4.5	12.1	12.1	5.2
金融与保险业	14.6	7.7	19.7	13.7	5.7	1.4
房地产业	4.3	2.7	10.9	3.1	-2.9	-1.6
职业、科学与技术产业	-0.2	-6.7	2.0	0.5	18.4	-5.5
管理与辅助业	2.8	18.5	1.5	0	9.6	-6.8
行政、国防与强制性社会保障	3.0	4.6	9.3	1.6	5.5	-2.3
教育	-0.7	0.0	2.9	3.6	6.2	-3.2
人类健康与社会福利业	1.9	-3.6	2.5	7.0	11.4	5.8
艺术、展览与娱乐游戏	3.5	0.7	9.0	2.1	5.0	-1.2
其他服务业	-2.6	12.6	5.7	-3.5	-3.6	-15.7
产品税净额	-22.1	2.6	23.3	20.4	9.6	-9.4

资料来源：蒙古国国家统计局发布的历年《蒙古国统计年鉴》（2010~2020）。

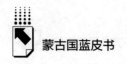

如表 3 所示，与蒙古国 2020 年 6 月的经济表现相比，2021 年 6 月几乎所有指标都出现了增长。这与蒙古国政府开始解除新冠疫情相关的严格封控措施，使制造业、贸易和服务业复工有关。

表 3　蒙古国 2021 年上半年与 2020 年上半年经济形势对比

单位：10 亿图格里克，%，头

	2020 年 6 月	2021 年 6 月
工业总产值	6768.7	9378.9
采矿业	4518.9	6394.9
制造业	1547.5	2199.7
电力、燃气、蒸汽与通风业	636.2	709.1
供水、废水、垃圾管理与处理业	66.1	75.3
居民消费价格指数	2.8	6.6
产犊母牲畜数量	23694600	20750300

资料来源：蒙古国国家统计局发布的《蒙古国社会经济情况统计月报》，2021 年 6 月。

表 4 显示，2019~2020 年蒙古国预算总收入减少 1.49 万亿图格里克，下降 12.5%，国家预算经常性收入减少 13.38 万亿图格里克，下降 12.4%，税收减少 1.24 万亿图格里克，下降 12.7%，非税收入减少 1003 亿图格里克，下降 9.5%。

表 4　2015~2020 年蒙古国预算执行情况

单位：10 亿图格里克

年份	预算总收入	预算经常性收入	预算税收收入	预算非税收入	预算总支出	预算经常性支出	预算资本性支出	预算经常性收支差额	预算总收支差额
2015	5983.3	5981.0	5118.9	862.0	7137.9	5718.3	1396.7	-262.6	-1154.5
2016	5852.0	5852.0	4996.8	855.2	9519.9	6713.7	2304.5	861.6	-3667.8
2017	7958.2	7274.8	6315.1	959.7	9017.3	8701.3	1658.1	1426.4	-1059.0

年份	预算总收入	预算经常性收入	预算税收收入	预算非税收入	预算总支出	预算经常性支出	预算资本性支出	预算经常性收支差额	预算总收支差额
2018	10053.6	9225.9	8207.1	1018.8	9222.9	8955.7	1607.7	−270.1	830.6
2019	11936.6	10801.6	9749.0	1052.5	11429.3	11026.0	2818.3	224.4	507.2
2020	10444.1	9463.8	8511.6	952.2	13904.2	10828.9	3034.2	1365.0	−3460.1

资料来源：2020 年蒙古国预算执行情况，蒙古国财政部。

相较 2019 年，2020 年国家预算总支出增加 2.47 万亿图格里克，增幅达 21.7%，是受到了国家预算资产本支出增加 2159 亿图格里克，增幅达 7.7% 的积极影响。国家预算经常性支出减少了 1971 亿图格里克，下降了 1.8%。这与蒙古国政府为了确保经济稳定，在不增加公务员工资和养老金以及公共机构管理支出的情况下，注重国家建设，增加投资有关。

相较 2019 年，2020 年国家预算经常性收支差额为顺差 1.37 万亿图格里克，而国家预算总收支差额为逆差约 3.5 万亿图格里克。

根据表 5，按照 2021 年上半年预算执行情况初步结果，蒙古国预算收入和国外援助总额为 64287 亿图格里克。

表 5　2021 年上半年与前 4 年上半年蒙古国预算情况对比

单位：亿图格里克

时期	预算收入和国外援助总额	国家预算总支出	预算赤字总额
2018 年 1~6 月	41381	41252	129
2019 年 1~6 月	49004	47083	1921
2020 年 1~6 月	41003	62983	−21980
2021 年 1~6 月	64287	74982	−10695

资料来源：蒙古国国家统计局发布的《蒙古国社会经济状况统计月报》，2021 年 6 月。

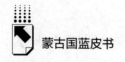

　　总支出和需偿还的净贷款达到 7.5 万亿图格里克，调整差额为逆差 1.1 万亿图格里克，预算赤字比 2020 年同期减少。

　　2021 年上半年，国家预算收入和国外援助总额达到 7.1 万亿图格里克，比 2020 年同期增加 2.7 万亿图格里克。税收收入占国家预算总收入的 78.6%，非税收入占 11.8%，未来遗产基金收入占 5.9%，稳定基金收入占 3.7%。相比 2020 年同期，非税收入占比增长 6 个百分点，稳定基金收入占比增长 3.4 个百分点，未来遗产基金收入占比增长 0.2 个百分点，税收收入占比下降 7.2 个百分点。按照 2021 年上半年的初步结果，税收收入总额达到 5.6 万亿图格里克，比 2020 年同期增加 1.8 万亿图格里克，是受到所得税增加 9286 亿图格里克，增值税增加 3921 亿图格里克，社会保险收入增加 2084 亿图格里克，其他税费收入增加 1664 亿图格里克，海外经营收入 1056 亿图格里克，特别税增加 309 亿图格里克的影响。

　　综上所述，在严重的新冠疫情防控期间，蒙古国企业和纳税人商业活动处于停滞状态，在纳税能力有限的情况下，预算收入高出支出很多，说明该预算非常不规范。而这与以投资的名义使用大量资金投建无法估算何时能有回报的医院、学校、幼儿园和文化中心有关。

　　表 6 显示，相较 2019 年，2020 年蒙古国货币供应量增加 3.39 万亿图格里克，增幅为 16.3%，居民图格里克储蓄存款增加 3.12 万亿图格里克，增幅为 25.7%，银行不良贷款余额减少 1813 亿图格里克。

表6 2015~2020年蒙古国货币供应和贷款情况

单位：亿图格里克，%

年份	货币供应量M2	居民图格里克储蓄存款	银行不良贷款余额	图格里克贷款平均利率	外币贷款平均利率
2015	100490	53598	8698	19.1	12.1
2016	121585	74461	10516	19.7	11.7
2017	158611	89360	1152	18.1	11.2
2018	194746	110598	17844	17.1	10.5
2019	208337	121636	18189	16.8	10.3
2020	242200	152843	16376	16.6	10.3

资料来源：蒙古国银行货币金融统计，2020年。

此外，2019年货币供应量占GDP的比重为63.5%，而2020年达到64.7%，居民图格里克储蓄存款占GDP的比重从2019年的10%上升到2020年的25.7%，银行不良贷款余额占GDP的比重从2019年的5.5%下降到2020年的4.4%。

图格里克贷款平均利率2019年为16.8%，2020年下降到16.6%，降幅为0.2个百分点。2019~2020年外币贷款平均利率保持不变，一直为10.3%。

综上所述，可以认为蒙古国主要货币供应量指标的增长可归因于政府为降低新冠疫情风险实施的"十万亿图格里克"计划进入了经济循环。

表7显示，与2019年6月相比，2020年6月的广义货币（M2）供应量增长5.5%，即增加1.12万亿图格里克，而狭义货币（M1）减少供应量12.9%，即减少5279亿图格里克。虽然货币供应量增加，但狭义货币M1和图格里克账户的货币量减少了。

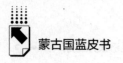

表7　2020年6月蒙古国货币供应与2019年6月对比

单位：亿图格里克；%

类别	2019年6月	2020年6月	同比增长率	同比增幅
广义货币M2	202294	213475	5.5	11181
狭义货币M1	41045	35766	-12.9	-5279
图格里克账户	34517	28845	-16.4	-5672
银行体系以外的货币	6527	6922	6.1	395
准货币	161249	177708	10.2	16459
图格里克储蓄	109364	110535	1.1	1171
外币储蓄	29328	43543	48.5	14215
外币账户	22557	23630	4.8	1073
流通中的现金	9371	9873	5.4	502

资料来源：蒙古国国家统计局发布的《蒙古国社会经济统计月报》，2021年6月。

放松为遏制新冠疫情而采取的严格的封控措施后，蒙古国银行为了支持公民的商业活动，采取了宽松的货币政策，注重货币进入经济循环的措施，因而2020年6月的一些货币指标出现了增幅。

受出口额减少0.435亿美元，下降0.6%，进口额减少8.285亿美元，下降13.5%的影响，2020年蒙古国对外贸易额降至128.752亿美元，比2019年减少8.720亿美元，降幅达6.3%（见表8）。

表8　2015~2020年蒙古国对外贸易额

单位：万美元

年份	对外贸易额	出口额	进口额	对外贸易差额
2015	846680	466930	379750	87180
2016	827440	491630	335810	155820
2017	1053790	620060	433730	186330
2018	1288660	701180	587480	113700
2019	1374720	761980	612740	149240
2020	1287520	757630	529890	227740

资料来源：蒙古国国家统计局发布的《蒙古国统计年鉴2020》。

图 1 显示，2015 年中国在蒙古国对外贸易结构中的比重为 62.6%（出口额占 83.7%，进口额占 36.6%），2019 年比重上升到 64.1%（出口额占 88.8%，进口额占 33.2%）。2020 年中国在蒙古国对外贸易中的比重为 50.0%（出口额占 72.5%，进口额占 35.7%）。与 2019 年相比，2020 年中国在蒙古国对外贸易结构中的比重下降 14.1 个百分点，出口额下降 16.3 个百分点，而进口额增长了 2.5 个百分点。换言之，蒙古国大部分出口产品都出口到了中国。

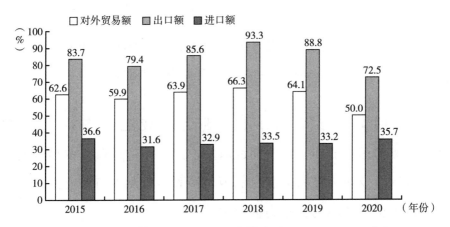

图 1　中国在蒙古国对外贸易中的占比（2015~2020 年）

资料来源：蒙古国国家统计局发布的《蒙古国统计年鉴 2020》。

图 2 显示，2015 年俄罗斯在蒙古国对外贸易结构中的比重为 12.9%（出口额占 1.6%，进口额占 26.8%），2019 年比重为 13.0%（出口额占 0.9%，进口额占 28.2%）。2020 年俄罗斯在蒙古国对外贸易中的比重为 11.3%（出口额占 0.8%，进口额占 26.4%）。与 2019 年相比，2020 年俄罗斯在蒙古国对外贸易结构中

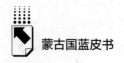

的比重下降 1.7 个百分点，出口额下降 0.1 个百分点，而进口额下降了 1.8 个百分点。

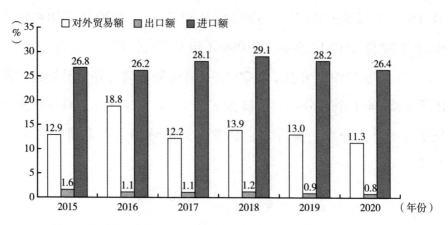

图 2　俄罗斯在蒙古国对外贸易中的占比（2015~2020 年）

资料来源：蒙古国国家统计局发布的《蒙古国统计年鉴 2020》。

这表明蒙古国对俄罗斯的出口活动陷于疲软。究其原因，一方面与高额的运输成本、俄罗斯针对蒙古国产品的进口关税和非关税壁垒制约以及对肉类和肉制品的卫生检验检疫制度有关，另一方面与蒙古国出口产品的竞争力低有关。

截至 2021 年上半年，蒙古国与 138 个国家进行贸易往来，外贸总额约为 74 亿美元，其中出口额 41 亿美元，进口额 33 亿美元。贸易总额比 2020 年同期增加约为 21 亿美元，出口额增加 13 亿美元，进口额增加 8 亿美元。2021 年 6 月，出口额 7.883 亿美元，进口额 6.595 亿美元，出口额环比减少 0.380 亿美元，进口额环比增加 0.192 亿美元。

2020 年上半年，对外贸易顺差 3.680 亿美元，2021 年上半年比 2020 年同期增加了 4.820 亿美元，实现利润 8.502 亿美元。

2021 年上半年，对华贸易额达 50 亿美元，占外贸总额的 68.0%。

蒙古国出口中国的产品中煤炭占 25.7%，铜精矿占 35.4%，出口瑞士的产品中黄金占 99.1%，出口朝鲜的产品中黄金占 82.3%。

表 9 显示，2021 年上半年出口额较 2020 年同期增加 12.830 亿美元，其主要影响因素是铁矿石和铁精矿出口额增加 2.676 亿美元，铜精矿出口额增加 5.718 亿美元，煤炭出口额增加 3.375 亿美元。

表 9　2019~2020 年、2021 年上半年蒙古国向主要伙伴国出口额及占比

国家	2019 年 1~6 月		2020 年 1~6 月		2021 年 1~6 月	
	出口额（万美元）	比重（%）	出口额（万美元）	比重（%）	出口额（万美元）	比重（%）
总计	393890	99.9	282820	99.9	411120	100
中国	356650	90.5	211350	74.7	370630	90.1
瑞士	20	0.0	49900	17.6	14230	3.5
朝鲜	900	0.2	910	0.3	9340	2.3
新加坡	1720	0.4	7480	2.6	5750	1.4
俄罗斯	3660	0.9	2440	0.9	5000	1.2
其他	30940	7.9	10740	3.8	6170	1.5

资料来源：蒙古国国家统计局发布的《蒙古国社会经济统计月报》，2021 年 6 月。

不过，2021 年 5 月煤炭出口量为 140 万吨，2021 年 6 月环比减少 67.24 万吨，出口量减少到 72.35 万吨，出口额减少了 3800 万美元。

根据表 10，2021 年上半年，在蒙古国进口结构中各国比重分别为中国 40.2%、俄罗斯 26.0%、日本 6.3%、朝鲜 4.3%、德国

3.6%，这些国家在蒙古国进口结构中占比达80.4%。从俄罗斯进口的产品中，石油产品占49.5%；从日本进口的产品中，乘用车占67.7%；从中国进口的产品中，电力占4.8%，货车占16.1%，其他产品占79.1%。2021年上半年蒙古国进口额较2020年同期增长8.010亿美元，其主要影响因素是小麦进口额增加0.415亿美元，货车进口额增加1.630亿美元，柴油进口额增加0.581亿美元，乘用车进口额增加0.242亿美元。

表10　2019年上半年、2020年上半年、2021年上半年
蒙古国自主要伙伴国进口额及占比

国家	2019年1~6月		2020年1~6月		2021年1~6月	
	进口额（万美元）	比重（%）	进口额（万美元）	比重（%）	进口额（万美元）	比重（%）
总计	289370	100.1	246010	99.8	326110	100.1
中国	93180	32.2	85970	34.9	131000	40.2
俄罗斯	76860	26.6	67500	27.4	84750	26.0
日本	31140	10.8	19540	7.9	20530	6.3
朝鲜	13180	4.6	10660	4.3	13890	4.3
德国	8760	3.0	8870	3.6	11880	3.6
美国	17870	6.2	11860	4.8	10370	3.2
其他	48380	16.7	41610	16.9	53690	16.5

资料来源：蒙古国国家统计局发布的《蒙古国社会经济统计月报》，2021年6月。

在蒙古国出口产品结构中矿产品、食品和植物产品占总出口额的85.6%，而矿产品、机械设备、电器及其零配件、运输工具及其零部件以及食品占进口额的64.9%。

综上所述，与2019年相比，2020年蒙古国主要外贸伙伴中国和俄罗斯的贸易额有所下降。2021年上半年，蒙古国主要外贸

大宗商品铁矿石、铜精矿和煤炭价格上涨，但煤炭出口体量下降。

蒙古国的外贸形势直接取决于世界大宗商品价格与中俄市场的变化。也就是说，蒙古国经济结构以矿产业为主，高度依赖 1 ~ 2 个国家的市场。

结　语

新冠疫情对蒙古国经济造成了严重影响。具体来说，2019 ~ 2020 年，本国主要宏观经济指标整体下滑，其中经济增长率出现负数、实际 GDP 下滑、牲畜数量减少、预算赤字增加。蒙古国政府为摆脱经济困难，寻求外国和国际组织贷款和国外援助，却增加了预算支出，导致情况变得更糟，继而造成了蒙古国创造物质财富的实体经济领域产值下降。这说明它们之间的政策连贯性不足，发展不平衡。然而，与 2020 年 6 月相比，2021 年 6 月经济重点领域的业务恢复，这源于解除新冠疫情严格的封控措施。

此外，蒙古国预算收入和国外援助总额减少，但支出总额和贷款净额增加，主要原因是受到预算资本性支出增加的影响，且与蒙古国政府为保护个人和企业的商业活动避免新冠疫情扩散而实施的增加经济总量的政策有关。

蒙古国银行注重增加经济货币供应量，实施了"十万亿图格里克"计划，这一举措增加了居民图格里克储蓄存款和贷款余额，减少了不良贷款。截至 2021 年 6 月，蒙古国放松货币政策导致货币供应量和信贷增加，商业活动有复苏的迹象。

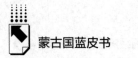

受进出口体量下降的影响，2019~2020 年蒙古国外贸额下降。蒙古国与中国和俄罗斯的对外贸易额、进出口体量均有所下降。这由对中国的原煤出口量下降所导致的。截至 2021 年 6 月，蒙古国铁矿石、铜精矿、煤炭出口价格上涨，煤炭出口体量下降，这表明蒙古国对外贸易直接依赖世界大宗商品价格和中俄市场。

B.4
蒙古国生态环境现状及治理实效分析

任丽慧*

摘　要：　在自然因素和人类活动的双重影响下，蒙古国的生态环境面临诸多风险。土地荒漠化程度加深、极端天气和自然灾害频发，空气、河流不同程度受到污染等问题凸显，生态系统平衡受到威胁。蒙古国政府针对一系列的生态环境问题，制订并实施防治荒漠化计划和具体措施；对草场采取共同管理模式，降低草场生态承载力；提出绿色发展复兴政策，实施"十亿棵树"计划，发展清洁能源；划定禁止矿业开采区域，保护生态环境；进一步加强与国际组织、中国等方面的生态合作。

关键词：　蒙古国　生态环境治理　土地荒漠化　生态系统

蒙古国是一个地广人稀的内陆高原国家，西部、北部和中部多为山地，东部为丘陵和平原，境内河流总长度达 6.7 万千米径流。蒙古国的森林面积约为 1246 万公顷，森林覆盖率为 8.0%。草场面

＊任丽慧，内蒙古自治区社会科学院内蒙古"一带一路"研究所研究员。

积为 11943.3 万公顷①，蒙古国的生态基础较好，草地资源丰富。但是蒙古国长期以畜牧业和矿产业为经济支柱产业，加上受全球气候变化、经济发展等人为以及自然的多重因素影响，蒙古国土地荒漠化程度加深，荒漠化土地面积占国土总面积的 76.9%，近年来，荒漠化程度还在不断加深；极端天气和自然灾害频发；空气污染、河流污染等一系列生态环境问题和治理矛盾突出。鉴于此，蒙古国需要加强生态环境治理与合作，提高治理时效。

一　蒙古国生态环境现状概述

（一）蒙古国土地荒漠化程度加深

蒙古国属于温带大陆性气候区，跨越戈壁荒漠带，其中 90% 的国土处于干旱带，属于气候变化响应最敏感和典型的地区，也是亚洲荒漠化现象最严重的国家之一。蒙古国大多数地区属高原、高山草原、干旱平原草原和沙漠草原，总覆盖面积超过 80%。蒙古国自然环境与旅游部 2015 年评估报告的数据显示，蒙古国境内 24.1% 的土地属于轻度沙漠化，29.7% 属于中度沙漠化，17% 属于重度沙漠化，6.1% 属于严重沙漠化，荒漠化土地面积占国土总面积的 76.9%，而且还有进一步扩大的趋势。② 蒙古国南部与中国内蒙古自治区接壤，是重度、极重度沙漠化土地主要分布区域。其

---

① 张秀杰：《"蒙古国生态安全构想"与中蒙生态安全合作》，《学习与探索》2022 年第 4 期，第 59 页。
② 王浩、肖晗：《蒙古国荒漠化防治与成效》，《世界知识》2021 年第 9 期，第 33 页。

中，苏赫巴托尔省、中戈壁省、南戈壁省荒漠化率超过 50%。近 10 年是蒙古国荒漠化速度最快的十年，恶化面积远大于逆转面积。土地荒漠化进一步扩大的主要原因是干旱、过度放牧。

（二）极端天气和自然灾害频发

蒙古国属于温带大陆性气候，夏季短而炎热，温差变化大，降水量稀少，使得大风干旱聚集。根据蒙古国统计数据，在过去的 80 多年里蒙古国平均气温上升约 2.25 摄氏度，上升速度远高于全球平均气温上升速度，降水量少，极端干旱现象在戈壁和东部地区尤其严重。由于干旱少雨，每年沙尘暴、暴风雪天气对生产生活的危害极大。据不完全统计，在过去 20 年里，蒙古国自然灾害发生频率比 20 世纪 90 年代增加了一倍，造成的经济损失越来越大。2021 年 3 月、5 月，蒙古国中戈壁省爆发的沙尘暴天气，造成约 16 万头（只）牲畜死亡，约 23 万头（只）牲畜下落不明，多地发生断电、断水，100 多座蒙古包被损毁，沙尘暴天气的频率和强度均超过往年，造成了重大损失。

（三）空气污染严重

在 21 世纪初"矿业兴国"战略下，蒙古国"大兴土木"，各省相继开发其辖属地下矿产资源，破坏草场生态。随着世界羊绒制品走俏，牧民在利益的驱使下，不断增加山羊数量，草场超负荷承载，而戈壁草场自我修复能力较低，加剧荒漠化的状况。

此外，随着近年来蒙古国工业化、城市化加快，首都乌兰巴托空气污染不断加剧，PM_{10} 和 $PM_{2.5}$ 的年平均值分别超过世界卫生组织规定的 20μg/m³ 和 10μg/m³ 的平均水平，表现出明显的季节性和周期性特点。乌兰巴托市常住人口将近 140 万人，约占全国人口总数的 43.4%。受城市四面环山，空气"不流通"的地理环境制约，加上冬季和初春时节寒冷干燥，城市以下沉气流为主，空气污染物扩散慢，造成了较严重的空气污染。① 乌兰巴托空气污染治理问题已经上升到政治层面，成为国家大呼拉尔选举、乌兰巴托市长选举的热门话题之一。2020 年蒙古人民党能够以绝对多数胜出的主要原因是，以乌·呼日勒苏赫为首的蒙古人民党政府在环境治理方面卓有成效，还老百姓以碧水蓝天。

（四）水资源短缺、分布不均衡，河流不同程度遭受污染

蒙古国属于水资源匮乏的国家之一。全国淡水资源储量约为 6080 亿立方米，大部分分布在北部和中部地区。每平方千米的水资源储量处于世界平均水平之下，仅为 2.2 万立方米。蒙古国境内河流 88% 为内流河，河流的平均年径流量为 390 亿立方米，地下水资源量为 120 亿立方米，地下水资源是主要水源，且分布极其不均衡。蒙古国矿业的迅速发展，对地表水环境造成了较大的污染和破坏，矿产开采区，河流断流，湖泊干涸，进一步加剧了生态环境恶化。例如，流经首都乌兰巴托的图拉河，由于上游及沿岸有许多企业和居民楼，工业废水和生活污水排放到河流中，污染程度远远超过正常指标。蒙古国自然环境与旅游部曾开展"保护图拉河"的

---

① 恩和:《乌兰巴托空气污染成因及对策》，参考网，2018 年 6 月 11 日，https://www.fx361.com/page/2018/0611/3651189.shtml，最后访问日期：2022 年 4 月 24 日。

活动，呼吁乌兰巴托的企业和沿河两岸居民增强环保意识，以实际行动减轻对图拉河的污染，但是这项活动收效甚微。①

二 蒙古国生态环境恶化的原因分析

（一）过度放牧，载畜量严重超出草场承载力

蒙古国是一个传统的畜牧业国家。20 世纪 90 年代，蒙古国社会进入转型时期，1991 年《蒙古国财产私有化法》公布，1992 年农牧业完成私有化改造，其中 90% 的牲畜和土地私有化，牲畜存栏量大幅度增长。1997 年牲畜存栏量超过 3000 万头，2007 年比 1997 年多 1000 万头，突破 4000 万头，受雪灾影响，2010 年有所下降，而后一直持续增加，2020 年总量达到 7096.9 万头，而草场适合放牧量为 5163.2 万头，过度放牧量为 1933.7 万头，过度放牧率达到37.5%。② 蒙古国畜牧业指数快速增长，载畜量严重超出了草场的负荷，导致草场破坏速度远远超出生态恢复的速度。对草场的无计划不科学使用，结果造成草场、地下水等自然资源的使用超出应有强度和承载力，导致牧草减少，土地面临重度荒漠化的威胁。

---

① 刘芳、李贵宝等：《蒙古湖泊水环境保护及管理》，《中国环境管理干部学院学报》2015 年第 6 期，第 45 页。
② 王浩、肖晗：《蒙古国荒漠化防治与成效》，《世界知识》2021 年第 9 期，第 34 页。

（二）畜群布局比例的变化加剧草原生态的脆弱性

蒙古国是羊绒生产和出口大国，年产量约 9500 吨，而且出口的羊绒大部分为原料羊绒。羊绒业的发展、脆弱的生态环境承载力、草原退化，都与山羊数量的增加、牲畜结构发生变化以及过度放牧有关。蒙古国将牲畜私有化并归牧民所有后，1993 年山羊在总牲畜中所占的比重是 19.8%，绵羊是 58.2%。到了 2019 年，绵羊所占比重下降到 45.4%，山羊所占比重上升到 41.2%，绵羊和山羊的比重加起来超过了 80%，而马、牛、骆驼这些牲畜的比重都在下降。由于山羊对草场的要求程度较低，对草原的破坏性大且植被不容易恢复，牧民养殖山羊的数量大幅增加，导致畜群布局失衡，使得草原生态逆向演替，进一步加剧了荒漠化。①

（三）气候变化、温度上升引发的自然灾害频发

在过去的 80 多年里，蒙古国的平均气温上升约为 2.25 摄氏度，上升速率大约是全球平均气温上升速率的 3 倍，气候变化影响的恶性循环，由直接影响引发的间接连锁反应进一步加剧了气候灾害。比如，蒙古国年降水量减少 7%~8%，特别是春夏等暖季降水量减少幅度很大。蒙古国平均年降水量约为 230mm，北部地区的年降水量略高于 500mm，南部地区则不到 50mm。过去 10 年里，干旱天气使得蒙古国 1224 条大小河流断流或湖泊干涸，在戈壁和

---

① 王浩、肖晗：《蒙古国荒漠化防治与成效》，《世界知识》2021 年第 9 期，第 34 页。

东部地区极端干旱现象尤为严重。[1] 蒙古国由气候变化导致的自然灾害发生率显著提高。

（四）矿产资源开发加剧生态环境恶化

矿产开发和畜牧业是蒙古国的两大支柱性产业。在蒙古国推动"矿业兴国"战略下，大规模的矿业开采是导致荒漠化现象严重的另一个人为因素。以煤炭出口为例，2019 年对外出口总量是 3646 万吨，与 2004 年相比，增加了 20 多倍。此外，蒙古国以露天煤矿为主，大量的露天采矿活动造成空气污染、地下水位下降、河流枯竭断流、土壤受到不同程度侵蚀，进一步加快了土地的荒漠化，给生态环境带来了不同程度的破坏和影响。[2]

（五）能源消费结构以煤炭为主，是造成大气污染的主要原因

蒙古国矿产资源丰富，煤炭居多，国内有大量的发电厂，依靠燃煤为居民提供电力能源。统计资料显示，燃煤发电在蒙古国电力能源结构中占 92.6%，水电、油气发电、进口电能分别仅占 1.2%、5.8%、0.4%。乌兰巴托市有 3 座热电联产火力发电厂，约 200 座中型供热锅炉和 1000 座工业小型锅炉，在长达 8 个月的供暖周期内，各种供暖锅炉设备不间断运行，排放大量污染物及废气，

---

① 阿斯钢、苏力雅：《气候变化和荒漠化是蒙古国沙尘暴多发的"元凶"》，《北京日报》2021 年 4 月 3 日，第 4 版。

② 恩和：《乌兰巴托空气污染成因及对策》，参考网，2018 年 6 月 11 日，https://www.fx361.com/page/2018/0611/3651189.shtml，最后访问日期：2022 年 4 月 24 日。

再加上蒙古国缺乏相应的环境保护政策，燃煤排放气体过滤技术也尚未应用，大量污染物被直接排放到大气中。①

三 蒙古国生态环境治理举措及实效分析

（一）制订并实施防治荒漠化计划和具体措施

蒙古国从 1996 年开始制订并实施防治荒漠化的国家计划，目标是到 2030 年，荒漠化土地面积减少 10.2%，同时把国土面积的 30%纳入国家级自然保护区范围内。② 为了有效应对恶化的生态环境问题，蒙古国政府 2010 年制定并通过了《国家防治荒漠化规划》，每年将规划提出的任务、方针、资金需求列入国家和地方财政预算，同时在政府的主导下，积极鼓励个人和一些企业参与到防治荒漠化的工作和实际行动中。

2005 年，蒙古国政府启动了"蒙古国绿色长城计划"。此项计划是在联合国、世界银行等机构的资助下，在未来 30 年，计划在蒙古国南部修建长约 3000 千米、宽 500～1000 米的绿化带，绿色长城防护林带贯穿蒙古国 12 个省，其中 8 个省份与中国接壤。该计划如果顺利实施，蒙古国南部戈壁地区的生态系统将得到极大改善。

---

① 恩和：《乌兰巴托空气污染成因及对策》，参考网，2018 年 6 月 11 日，https：//www.fx361.com/page/2018/0611/3651189.shtml，最后访问日期：2022 年 4 月 24 日。

② 《蒙古国持续加强环境治理》，《人民日报》2021 年 4 月 8 日，第 17 版。

蒙古国政府于 2020 年出台第 3 号决议，决定成立"生态警察办公室"，目的在于防范和打击环保方面的各类违法行为，减少对自然生态的破坏，保护生态环境。目前在蒙古国 21 个省 64 个县专设生态警察，开展了"生态修复—2020"行动，加大生态保护修复力度，详细划定生态环境受损区域面积，更好地贯彻落实环境保护法及相关制度规定。

（二）对草场采取共同管理模式，降低草场生态承载力

蒙古国在牲畜、土地私有化的情况下，很容易造成对草场的过度利用。为了有效应对这种情况，蒙古国政府提出"共同管理模式"。该模式以社区为基础，由牧户组成共同管理团体，以社区名义与政府就草场的利用签署管理协议，具体规定草场所有权、使用的费用、保护和恢复草场法律责任等，同时根据草场的承载能力，重新核定各地的载畜量，使牲畜种类、数量和畜群结构保持一个合理的比例。在这一模式中，关键在于将保护和使用的所有管理措施和责任移交给了社区，明确了牧户在生产活动中的权利和责任，而不同以往只有使用草场的权利和不用为自己行为担负责任的情况。

（三）提出绿色发展复兴政策，实施"十亿棵树"计划，发展清洁能源

防治和减少荒漠化最主要的办法，是通过植树种草提高植被覆盖率。从 2010 年开始，蒙古国将每年的 5 月和 10 月的第二个星期六定为"国家植树日"，10 年来民众和企业共计种植了 1300 万棵

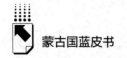

树，平均每年种植 130 万棵树。2021 年，蒙古国植被覆盖率仅为
7.9%。近些年，蒙古国每年植树的面积是 3000～5000 公顷。2021
年 10 月 4 日，蒙古国新一届政府推出国家六项复兴政策，其中包
括绿色发展复兴，绿色发展的主要措施是启动"十亿棵树"国家
计划，号召企业和公民积极开展植树活动，计划到 2030 年种植至
少 10 亿棵树。乌兰巴托将造林土地复垦 12.9 公顷，植树 2070 万
棵；各类国家级保护林带 3500 公顷，植树 450 万棵；在乌兰巴托
建绿色设施 3750 公顷，植树 6500 万棵；在国家倡议下，公民和企
业植树 2980 万棵，总共将栽培和种植 1.2 亿棵树。蒙古国自然环
境与旅游部部长巴·巴特额尔登称，为拥有一座绿色城市，要腾出
种植树木的土地，规范土地使用，为种植树木者提供奖励或使其享
有税务优惠待遇。植树造林覆盖乌兰巴托总土地面积的 1/4，人均
绿地面积为 5.1 平方米。

为减少环境污染，《蒙古国国家安全构想》中提出，支持引进
节能减排先进技术，加强洁净高效燃料的生产，确保所有生产技术
工艺的节能性与环保性。蒙古国政府在"新复兴政策"中提出要
加快国内产业结构升级。蒙古国拥有的太阳能和风能资源要高于全
世界平均水平，因此大力开发风能、太阳能等清洁能源，是蒙古国
可再生能源发展计划的重要组成部分。

（四）积极与国际组织合作治理生态环境

蒙古国在生态合作、应对气候变化方面有较多的合作。例如签
订了《2017～2021 年联合国援助蒙古国发展的框架》，其中提出了
蒙古国在改善法律环境并为环境、卫生和教育等重要部门制定战略

方面得到了联合国提供的切实支持，相关 109 个项目活动的实施资金达 6649 万美元。例如，旨在促进包容性增长和可持续性自然资源管理的合作，使蒙古国西部省份在客观评估的基础上，根据生态系统服务制订地方发展计划，并将 570 万公顷列为国家和地方特殊保护区，实施了提高能源效率的模范项目，2019 年蒙古国温室气体排放量减少了 5220 吨。

2020 年，联合国防治荒漠化公约组织向蒙古国政府提供了 56 万美元的援助，该资金用于东戈壁省扎门乌德县境内实施预防、减少沙土引发沙尘暴的项目。2021 年 3 月，蒙古国自然环境与旅游部、联合国开发计划署驻蒙代表处共同签署了提高牧民适应气候变化能力的合作项目，目的在于保护草原生态环境，改善牧民生活质量。该项目实施时间是 2021～2028 年，计划在蒙古国东方、苏赫巴托尔、扎布汗、科布多等省落实保护、利用草牧场和水资源。①2021 年，联合国绿色气候基金组织向蒙古国提供 1.75 亿美元援助，其中 4500 万美元为无偿援助，1.3 亿美元为优惠贷款，该资金用于支持蒙古国改善草场管理、降低自然灾害天气对畜牧业等产业的影响。

（五）划定禁止矿业开采区域，防止生态破坏

蒙古国在《蒙古国国家安全构想》中，为了保护生态安全，具体提出推行流域地管理体制，主要是对地下水、淡水资源和江河水流的起源予以重点保护，严格限制在淡水资源丰富的河湖地域从

---

① 《蒙古国持续加强环境治理》，《人民日报》2021 年 4 月 8 日，第 17 版。

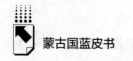

事经济活动。在保证不破坏生态系统的前提下，合理平衡地使用地表水和地下水，并确保使用量不能超过规定的水量限额。在杭盖、肯特山脉水源和库苏古尔湖附近建立国家公园，成立国家重点水资源保护区，禁止在园区从事采矿活动。①

（六）加强与中国在生态领域的合作

中蒙两国都是《联合国防治荒漠化公约》缔约国，蒙古国为了改善生态环境，积极开展防沙治沙工作，但是因经济和科技水平限制、专业人才匮乏、土地利用管理法律不完善等原因，仅依靠蒙古国自身的力量，短期内有效遏制荒漠化的挑战很大。从根源上减少土地沙化、荒漠化面积，需要中蒙两国跨国跨境协同治理。从2007年开始，中国科学院与蒙古国相关机构就沙漠化防治，开展了一些合作研究，中方提供有效的治沙经验。比如中方的草方格流沙固定技术、沙区的节水灌溉技术、经济作物的耕种、温室大棚等，对蒙古国都比较适用，在蒙古国也有广泛地使用。

2022年2月，蒙古国总理奥云额尔登访华期间，签署了《中华人民共和国政府和蒙古国政府联合声明》，双方签署《中华人民共和国政府和蒙古国政府关于边境地区森林草原火灾联防协定》《中华人民共和国生态环境部和蒙古国自然环境与旅游部生态环境合作谅解备忘录》，强调要进一步加强生态环境、防沙治沙合作，共同应对全球气候变化，共创清洁美好的生态环境，共建人与自然生命共同体。

---

① 张秀杰：《"蒙古国生态安全构想"与中蒙生态安全合作》，《学习与探索》2022年第4期，第63页。

B.5
全球疫情背景下蒙古国在线远程教育的
政策及存在的问题

佈仁毕力格　启　戈*

摘　要：　突如其来的新冠疫情无疑是一次对国家防控能力、治理能力和外交政策的综合考验。从防控疫情方面来看，蒙古国政府危机意识强烈，反应迅速，措施到位，并多方寻求国际合作，体现了该国应对疫情的积极态度和有力举措。在这一特殊时期既要保持国内经济稳定，又要保障基本教育和公民健康安全，确实难以兼顾。目前蒙古国教育系统在推进在线远程教育过程中面临一系列转型和调整，包括对学生进行适应性、专业性的训练，改进教学方法以适应后疫情时代发展要求，并在创新开放式合作和构建新型学习平台等方面的积极作为。

关键词：　蒙古国　新冠疫情　在线远程教育　新型学习平台

2019 年，当新冠疫情开始席卷全球时，蒙古国还没有出现确诊病例，相对安稳。但为了防止疫情的扩散，2020 年 1 月 24 日蒙

---

* 佈仁毕力格，内蒙古自治区社会科学院语言研究所副研究员，研究方向为社会语言学；启戈，内蒙古自治区社会科学院民族研究所助理研究员，研究方向为民族理论与民族政策。

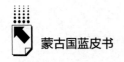

古国关闭了边境，之后又禁止了 2020 年 2 月 24 日的农历新年——白月节的庆祝活动。自 2020 年 3 月起，蒙古国政府和国家特别委员会作出决定，对各个医疗、卫生、国防和内务直属单位，公共交通服务、人口登记、除各级监管单位以外的国家机关和预算内单位、食品、农业、采矿业、重工业以及私营企业采取了停工停产措施，实行在线模式①办公，教育行业的学前教育机构如幼儿园，义务教育的小学、初中和高中，职业培训中心，中专和高校等采取了封校停课的措施，实行在线远程模式②教学。在这种情况下，虽然国家社会经济发展放缓，但在除教育以外的其他行业都可以通过其他时间弥补损失。疫情对教育业的冲击最厉害，影响也最严重。因为 2020 学年的 50%（10 个月中的 5 个月）和 2021 学年的 80%（10 个月中的 8 个月）的时间是通过在线和云课堂形式教授本应该在教室内开展的教学内容。政府在这一过程中暴露了一些未能预见的矛盾和困难，产生这些问题的原因：一是与社会经济发展水平有关；二是与家庭生活水平有关；三是与施教人员的知识储备、技能和主观能动性有关；四是为适应数字化转型而产生的不同社会心态的影响。

一　蒙古国远景发展政策的主要目标

蒙古国政府编制并向国家大呼拉尔提交了《远景-2050》长期发展规划纲要性文件。经过国家大呼拉尔长时间讨论，于 2020 年

①　在线模式，指基于网络进行活动的方式。
②　远程模式，指运用电视和无线电广播进行活动的方式。

5月13日作出《关于批准〈远景–2050〉蒙古国长期发展政策》的第52号决议。决议内容包括以下方面。

"依据蒙古国国家大呼拉尔法第43条第43.1项规定，蒙古国国家大呼拉尔决定：分别通过附件1批准《〈远景–2050〉蒙古国长期发展政策》，通过附件2批准《〈远景–2050〉蒙古国长期发展政策2021~2030年的项目》，通过附件3批准《〈远景–2050〉蒙古国长期发展政策的监督–分析、评价标准及应达到的水平》。"①

蒙古国发展政策的主要目标是"到2050年，蒙古国要成为社会发展、经济增长和人民生活质量在亚洲领先的国家之一"。② 文件提出到2050年之前，要预防以下20种风险。

①防范破坏国家统一和社会和谐的风险，提高抵御能力。

②扩大健康保险范围内医疗服务覆盖面，及早发现常见疾病，减少导致死亡的风险因素。

③保护蒙古人种基因库，增强风险预防能力，支持蒙古人的发展。

④完善防范风险的社会保障体系，明确社会保险基金的融资政策。养老储备基金的来源分为矿山收益和抵押融资。一部分人的养老保险改成部分积累制模式，即将1979年后出生的参保人员

---

① 《关于批准〈远景–2050〉蒙古国长期发展政策的第52号决议》，2020年5月13日，https://www.legalinfo.mn/law/details/15406，最后访问日期：2023年6月5日。

② 《〈远景–2050〉蒙古国长期发展政策》，蒙古国国家大呼拉尔2020年第52号决议附件1，2020年5月13日，https://www.legalinfo.mn/annex/details/11057?lawid=15406，最后访问日期：2023年6月5日。

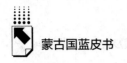

所缴纳的养老保险费全部储蓄起来。引入了符合目标和弱势群体需求的新型福利服务。建立为老年人提供长期护理服务的康护中心。

⑤提供以扩大中产阶级规模为目的的金融服务，防范风险。

⑥稳定发展以扩大中产阶级规模为目标的家庭友好型银行金融服务，与国际发展接轨，实施防范风险的政策，使家庭生活能够自给自足。

⑦在不影响宏观经济稳定的前提下解决政府逾期外债，提高效益，保障宏观经济均衡，提升抗风险能力。

⑧外汇官方储备增长到可承受风险的水平。

⑨培育小额信贷机构，完善风险管理体系，扩大经营范围。

⑩银行和金融业抗风险能力和可靠性得到保证。

⑪增强适应和承受气候变化的能力，减少潜在风险。

⑫更新和落实以减少由气候变化导致的负面影响和以降低灾害风险为目标的国家级项目。

⑬增强国防能力，通过保障人权、自由、社会秩序、公民生活环境安全和降低灾害风险的方式保障人类和社会安全。

⑭加强减少、防范和化解非传统安全威胁的能力，营造和平的人与社会环境。

⑮提高地方防灾能力，强化相关机制，全面划定全国灾害风险等级。

⑯城市规划中加强国家和地方的灾害风险评估和预防能力，建设抗灾基础设施。

⑰建立政府机关电子数据库，防止泄露国家和官方秘密，降低

泄露国家秘密的违法犯罪风险。

⑱在各省和一些高危苏木分阶段建设向牧民发布地方信息和天气预警信息的设施，提前做好预防天气灾害的措施。

⑲坚持农业生产绿色经济原则，增强适应气候变化和应对风险的能力，发展以保险、统计、信息为基础的智能系统。

⑳完全具备应对城市范围的自然灾害、气候变化、意外灾难和事故的信息通信机制和资源管理预案。

其中，在预测国家有可能面临的风险时，并没有将与肆虐全球的新冠疫情相似的新的大流行病的情况考虑进去，在这 20 种风险中没有提到"社会流行病"这一字眼。

二 蒙古国教育科学部在线远程教育政策

蒙古国教育科学部已编制批准了《教育事业中期发展规划（2021—2030 年）》。该规划包括了关于发展在线远程教育以及暴发全国性大流行病时应采取什么样的教学管理模式方面的条款，并于 2021 年开始阶段性落实。该中期规划中涉及在线远程教育的一些新增条款，具体包括以下方面。

为确保中小学教师在工作岗位上开展工作，接受继续教育，有必要制定专门的政策、项目和计划，定期组织在线、网络和远程教育。对于不在教育机构覆盖的、有特殊需求的学生，能够满足其发展需求的途径是改变教学方法形式，增加种类，并提供通过开放、在线、远程和网络教学的方式实现终身学习，并提供学位认证。

远程在线教育的发展和推广不仅能够让蒙古国公民获取自身所

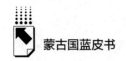

需的教育和培训，增加在劳动市场就业的机会，还能提供特殊情况
下以及疫情防控期间维持全社会教育服务的可能。有必要提出与远
程教育企业开展合作的问题。促进学前教育和普及教育的途径还有
发展开放式教育和教学活动，并通过终身学习的方式提高父母对儿
童发展的参与度。在线远程教育的优势在于无论儿童及其父母的教
育水平、社会和经济条件、发展特征或生活方式如何，都能增加学
习和参与学前教育的机会。父母能够了解和明确孩子发展水平，根
据孩子发展水平从幼儿园课堂上学习知识并对课外活动产生积极
影响。

2018 年，835 名教师参加了国家和地方的培训，提高了专业素
养，教师人数中 10% 的人员参加了不同形式的培训。有必要增加
职业发展培训，教师因此能够在工作中获得发展机会，利用在线远
程教育和培训等获得更多继续教育的机会。

加强地方高等学校师资队伍专业素养。实施区域发展政策将会
提高地方高等教育在国民经济和社会发展中的参与度。明确区域内
高等院校在该区域发展政策中的参与、引领的责任义务，积极开展
终身开放教育并以在线、网络和远程教学的形式实施。发展开放教
育体系，创建综合在线教育平台，达到任何人都不再受空间时间限
制，随时随地获得受教育机会的目的。扩大国家专业化范围，将附
加方案和线下课堂所用的教学方案纳入在线和开放式教育中，从而
提高高等教育的质量和灵活性。①

---

① 《教育事业中期发展规划（2021—2030 年）》，蒙古国教育科学部，2020 年。
　该规划是在亚洲开发银行技术援助项目"MON 51103-001：协助编制教育事业
　总体规划项目"的资助下编制完成的。

为深入贯彻落实这些在线远程教育的规定，应该对现状进行评估。2020 年至 2021 年，蒙古国有 20 万名学生没有掌握课程基本内容，没有跟上教学计划。教育科学部预计需要 3 年时间才能让这些学生补齐未上的课程，消除差距。目前，尚不能断定上述规划能否如期实现。此外，蒙古国制定了详细的教育发展规划（见表 1）。

表 1 蒙古国教育发展规划

规划目标	具体内容
规划 1.2.2：发展教育在线平台；编制网络教学方案；制作电子文档；在线课程	1. 优化教育事业信息系统,通过拓宽网络平台的方式创造行业之间信息交流的条件 2. 建立符合国际标准的信息技术教育和外包中心,提升能力 3. 培养智能、大数据科学、信息安全方面的人才 4. 分阶段开展发展电子书、网络语言的研究工作,在终身教育中使用电子文档和在线课程教育 5. 全部教师配备电脑,实施智能学校、智能班级项目 6. 审核并统计开放在线、网络、远程教育的内容和素材
规划 2.2.5：开放教育方案	1. 高等院校、专业机构、公民和社会组织单位及私营企业合作发展面向儿童及其父母开放的在线远程教育素材库及平台 2. 改善幼儿园信息通信技术基础设施 3. 审核开放在线远程教育的内容和资源质量需要专业机构提供支持

为达成目标需落实的方案和工作	
方案	工作内容
目标 3.1(质量)：提升中小学教育服务质量	
规划 3.1.1：中小学教育的教学方案应使用蒙古语,历史、文化、国家情怀、国家遗产、国际认可的内容要加以丰富,遵循蒙古国儿童教育特点	1. 中小学教育的教学核心方案的内容应使用蒙古语,历史、文化、国家情怀、国家遗产、国际认可的内容要加以进行丰富和完善 2. 落实完善后的方案 3. 修改对教科书、教学素材和材料的要求,增加开放的、有选择性的网络材料来源 4. 完善基于儿童发展特点和学习能力的灵活教学方案和评估方法 5. 每三年开展一次全面的儿童发展研究并确认儿童发展标准 6. 扩大普教性学校职业指导工作,开展对性别敏感问题的调研

续表

规划 3.2.3： 支持开放教育的方案	1. 在地方建立基于普教性学校的开放在线远程教育中心 2. 高等院校、专业机构和私营企业合作发展向学生提供不受发展特征、空间和时间限制的中小学教育服务，具备自我发展能力和就业指导机会的开放远程教育，建立相关素材库 3. 为教师提供不受工作经验、位置和时间限制的开放远程教育资源 4. 开发远程教育资源，提升学校管理层和教师在教学活动中利用该资源的能力 5. 构建在官方和非官方教育环境中教学成果的认可认证机制
规划 3.2.4： 强化印刷版和电子版教科书机制	1. 通过租赁教科书的形式建立储备基金，作出编制、印刷出版、分配、使用、修订的工作计划，并如期落实 2. 每两年开展一次教科书使用情况调查研究

资料来源：《教育事业中期发展规划（2021—2030 年）》，蒙古国教育科学部，2020 年。该规划是在亚洲开发银行技术援助项目"MON 51103-001：协助编制教育事业总体规划项目"的资助下编制完成的。

此外，教育科学部目前完成了《蒙古国教育一揽子法案》修订草案，即学前、小学、中学和高等教育法的修改草案，并提交给了国家大呼拉尔。

《蒙古国教育一揽子法案》中首次对成为全球发展趋势的数字化教育转型，为公民提供的平等的开放在线远程教育进行了规范，让在线教育、技术和课程内容做到有法可依。其中，在新法案中规定：幼儿园和普教性学校的教学除课堂教学外，还可以采用远程、在线和混合等形式开展；普通教育教科书同时提供印刷版和电子版教材。

教师必须具备组织传统课堂或混合式教学的知识和能力；通过集中、区域、远程和在线的形式组织教学技能培训，在全国范围内为教师继续教育提供支持。此外，为了使公民能够通过远程教育和在线教育学习知识，责成有关部门解决通信、信息技术基础设施的问题并提供相关技术支持。因此，在不改变在线远程教育法条的情况下，有必要快速推进蒙古国国家大呼拉尔对《蒙古国教育一揽子法案》修订草案的审批工作。

三 劳动和社会保障部在线远程教育和工作环境政策

新冠疫情促使蒙古国政府彻底改变一直以来遵循的社会政策和工作时间安排以及协调上述关系的政策，并促使蒙古国政府深入贯彻符合时代、社会需求和全球趋势的新政策。如果没有暴发全球性大流行病新冠疫情，这些在其他国家和地区已是司空见惯的精准的模式和方法可能不会被引入：以在线远程方式开展工作；以小型团队快速工作；在短时间内高效工作；重视员工反馈和协调的新模式；专注改善工作环境和条件；改善工作场所卫生条件。

蒙古国劳动法之前并不包含涉及上述工作形式的条件和可能性相关条款，直到 2021 年 7 月 2 日国家大呼拉尔批准了新的劳动法。该法案于 2022 年 1 月 1 日生效，新法律扩大了覆盖范围，平衡了法律赋予雇主和员工的权利和义务。该法律规范了与就业有关的如在线远程办公、小型团队快速工作、使员工反馈变得灵活以及在短时间内高效工作等新方案。

蒙古国 86.2% 的企业单位拥有 1~9 名员工，全部工作人员的 17.6% 或约 22 万人在非政府部门工作。从蒙古国国家统计局 2018 年第四季度报告指出的"在非政府部门就业人数较多"的结论来看，这些涉及劳动关系的新规正在为增加新的就业岗位创造条件。

此外，该法律还特别规定，将专门协调因某种原因在工作岗位或离家较远的地方或被隔离的情况下的社会福利问题。这些新的法律规定保障了在疫情防控期间通过网络远程办公的教育、文化和科学领域工作人员的工作条件。

四　教育科学部组织的工作

2021年1月29日，蒙古国新政府组成并于2021年3月成立了工作组重新评估新冠疫情期间蒙古国教育部门在线远程教育方面取得的成果，并着重还原真实情况。据统计数据，截至2020年12月，由于全国采取封控措施，学校及幼儿园停课，蒙古国1435所幼儿园26.33万名儿童、834所普教性学校64.04万名学生、93所高等院校14.84万名学生通过远程教育方式学习。

2020～2021学年教学方案45%的教学任务通过远程，即电视和在线形式完成，55%的教学方案内容未教授便中止了。这是因为没有预测到封控措施会持续较长时间，原计划进行短期在线教育待疫情过后转为课堂教学。

蒙古国35.3%的家庭接有互联网。教育科学部的一项官方调查显示，由于入网率不高，17.4万名学生因所在位置、电子设备和电力供应等问题无法获取电视和网络教育。由此，全国接受普通教育的儿童学习参与度同比下降了20个百分点，学业落后和失去学习兴趣的儿童数量有所增加。

调查发现，67.2%的牧民家庭的儿童由于缺乏电视、发电机、电缆以及没时间而根本不看电视。眼前迫切需要解决的偏远苏木儿童和乌兰巴托市郊蒙古包区的学生如何重新学习补齐课程的问题，如果疫情持续，如何修改教学方案以适应所有学生和教师观看电视课程的要求还需要多方讨论做出决定。

开展在线教育时，70%的教师不具备足够的英语或相关知识。开展在线和电视教育时，由于没有建立与学校和教师之间的反馈机制，学生的学习积极性下降。从2020~2021学年第一季度和第二季度的教学情况来看，学生学习积极性出现了下降，地方和首都学校的学生收看电视和在线课程比例也开始急剧下降。该下降因素与蒙古国网络费用上涨有关。只有30%的教师非常擅长使用技术设备，而剩余70%的教师则容易遇到设备使用和英语技能不足的困难。蒙古国之前没有课堂教学与电视课堂相结合的经验，因此有必要据实评估教师和学生之间缺乏积极沟通的情况，如果继续开展在线课堂教育，则需要通过师生的反馈修订教学方案。由于无法开展教室教学，学生无法进行现场互动，并出现无法上网、无法学习电视和网络课程等诸多问题。

为了弥补缺失的课程，需要分阶段实施教学计划，预计共需要花费3年时间和20亿美元。蒙古国教育科学部基于实际情况制定了以下措施。

①学前教育机构即幼儿园以及中小学的缺失课程问题最严重。为了解决这个紧迫问题，需要以最正确和有序的方式遵循传染病防控制度，并积极开展课堂教学活动。

②创造线上和线下结合的新的教学环境，教师也要掌握线上和线下混合教学的方法并具备制作文档的能力。

③需要尽快解决影响在线远程教育的因素，即位置和网络费用

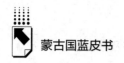

问题。与有关单位合作解决地方和偏远地区电视课堂视频播放暂停和回放功能，以及与教育相关的互联网费用减免、优惠等问题。

④利用新技术开发制作学生可以独立学习的手册和教科书，并重新开发设计学生的在线作业本。

⑤恢复教室课堂时，公正、准确地做好评估，并弥补缺失的课程教学。

⑥以综合手段弥补教学缺失问题，同时依靠心理学专家为学生提供咨询帮助。

⑦准确评估环境风险。当班级中的一名学生、教师或清洁工病毒检测呈阳性时，具备相应的处置流程和应急预案。

⑧根据世界卫生组织建议，12 岁以上的学生应 100%接种疫苗，教师应 100%接种疫苗。

其中最重要的问题是如何让学生拉近与学校、教师和课堂的距离。如果时间合适且措施得当的话，将会迅速消除课程遗漏的情况并取得补课成功，学生是解决课时不足问题最关键的一环。

五 高等院校在线远程教育中存在的问题

2020～2021 学年，就读于蒙古国在校大学生有 14.73 万名。其中，2.49 万名是 2020 年的新生。然而，2019 学年招收的大一新生只有 1.75 万名。与 2019 年的新生入学人数相比，2020 年增加了 7400 人。换言之，教师在线教育的工作量因疫情影响有所增加。不能忽略的因素是，蒙古国政府考虑到新冠疫情的暴发和在线远程教育方式的普及，将中学毕业考试和入学考试的门槛降低了 20%～30%（理科某些课程和蒙古语课程降低了 30%）。所以，2020 年大学新生的数量增加了，同时这也说明高中毕业生没有掌握应该掌握的知识。这种知识缺失情况给新生进入高等院校就读造成了困难。

从目前的情况来看，5 所公立和私立大学制定了属于自己的关于开展在线远程教学活动的制度，且正在有效实施。事实上，国际上早已有高等院校在教学过程中开展在线教育，并设立了相关规定和制度，积累了经验。一些全球知名的大学开发了网络教学方案并已成功运作多年。最先借鉴这些经验的蒙古国的大学为私立大学，而不是公立大学，这表明了私立大学对引进先进教学理念更加迫切和更加敏感。例如：以德·朝伦道尔吉院士为首的蒙古国人文大学于 2012 年编制并实施的《远程教育管理制度》；2019 年蒙古国立教育大学的《网络教育管理制度》；2020 年蒙古国内务大学的《组织在线教育活动的暂行管理制度》；2020 年蒙古国立大学的《在线教育暂行管理制度》；2020 年蒙古科技大学的《协调在线教育暂行管理制度》；等等。虽然迟了些，但总归有了处理在线远程教育关系的一些管理制度和实施依据。根据上述 5 所大学开展的在线教育情况进行分析，基本制度规范和法律文件的相同点在于都以核心技术为基础，旨在规范远程教育过程中出现的关系，但是对在线远程教育的监管、质量和评估方面的规范较为薄弱。

蒙古国人文大学和蒙古国立教育大学通过"远程教育中心"和"信息技术与远程教育处"，其他院校则通过教育政策规划和教学方案处组织在线远程教育。此外，上述两所学校规定要预备在线远程教育方案。蒙古国立大学、蒙古国立教育大学、蒙古国内务大

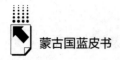

学、蒙古科技大学、蒙古国人文大学使用主流的在线远程教育综合平台，即基于互联网的教育软件，同时还开发更新使用符合自身教学特点的（emind，OpenEdx，XCloud，www. must. edu. mn）平台和软件。

有4所学校缺乏教师开展在线远程教育的教分计算和小时工资方面的管理规定，这是这4所学校制度上的一个弱点。而蒙古国立教育大学的优势在于实行了按照教师完成的网络教学任务计算教分的方法。一方面，蒙古国立教育大学是其他学校的榜样；另一方面，蒙古国内务大学和蒙古国立教育大学在管理规定中明确，计算在非常时期高度紧张状态下开展工作的教授和教师的"A"小时（授课时间）和"B"小时（科研工作）的教分时要减少50%，这是一种进步。

这意味着，在线远程教育不能只是疫情防控期间采取的临时教育形式，有意识地学习世界上许多高等院校通过这种形式教授高等教育的方式应该成为蒙古国高等院校主要工作目标之一。关于对在线远程教育的建议如表2所示。

表2　在线远程教育建议

教育科学部建议			
复课时间表			
幼儿园	普教性学校	职业教育,培训机构	高等教育
2021年9月1日	2021年9月1日	2021年9月1日	2021年9月13日
遵循专门指导,实施按照年龄限制分批复课的管理制度	实施课堂和远程在线相结合,依照风险评估结果开展不同形式的教学活动的管理制度	实施课堂和在线教育相结合形式的教育	课堂和在线教育相结合,课堂课程分批复课

资料来源：笔者根据相关资料整理。

六 促进在线远程教育发展的措施

蒙古国教育科学部认为 2019~2020 学年和 2020~2021 学年开展的在线和远程教育没能让各个学龄段的孩子全部掌握课程内容，针对该问题制定了相关措施。

长期反复的封控不仅改变了成年人的生活方式和日常习惯，也给儿童成长带来了巨大风险。采取封控措施给儿童带来的影响有：第一，由于活动受限，强烈的情绪波动的情况有所增加；第二，幼儿的想象力比较丰富，因此自己制造了害怕某种事物的情况，并把自己的想象当成真的去讲；第三，由于缺乏与同龄人的沟通，与父母的言行冲突增加或产生愤怒、沮丧；第四，使用屏幕的需求增加，导致睡眠节奏的变化以及出现强烈的情绪表现；等等。

任何情况下，都应该以课堂教育为主。实践证明，师生面对面互动的效果是任何教学方法都无法替代的。从 2020 年第二季度开始，86% 的小学生被封控在家，处于禁足状态。蒙古国的教育情况同样受到了影响。全球辍学率有上升的趋势，这样的负面影响可能导致处于青春期的青年走上歧途。

两年的封控措施清楚地表明，孩子们是通过在现实生活的互动中感知老师的肢体语言，通过他们的声音获取信息和知识，与班级和学校的同学进行真实的互动，从而掌握知识和发展成人。在教学过程中，在班级和课堂上师生之间同学之间的互动关系是无法被替代的。因此，应该做好充分的准备，尽早开始课堂教学。

在新冠疫情暴发之前，教育部门在明确发展方向时更青睐于转

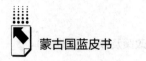

向数字化教育。但我们应该注意到，师生双方在课堂教学过程中进行面对面互动和信息交流，一是从心理层面上就有不可替代的作用，二是师生之间建立的情感，双向的情感在这种交流互动中不断加深。从这两年的情况来看，上述关系在远程和网络教育中永远不可能建立起来。就像随着网络环境的发展人际交往关系淡化，人们把课堂教学转移到电视和网络上进行，这对儿童的教育和成长产生了深远影响。因此，人们在可能的情况下支持和恢复课堂教育是非常正确的做法。

对于组织失误造成的课程不足的情况，要总结经验并加以解决。由于所有课程在多个电视频道同时播放，以及一台电视机只能收看一门课，从而影响了其他人收看课程，多孩家庭的学生面临学习效率低下的问题。再就是空间问题，蒙古国家庭的房屋面积通常只有 40~60 平方米，1~3 个房间。大多数家庭有 5~8 名家庭成员共同生活，包括祖父母和兄弟姐妹。在这样的环境下，孩子们很少有机会在单独的房间里学习。另外是网络费用太高，需要租用国外的网络卫星频道，购买韩国或中国产的智能手机、台式电脑和笔记本电脑成本较高也是影响因素之一。

要特别注意的是，疫情对普教学校三年级的学生造成了不好的影响。这是因为他们没有走进校园，只接受了两年在线或电视空中课堂教学，没有通过符合标准的年度考试测验就直接升到新的年级。

竞争力下降。蒙古国教育事业运作情况本就弱，加之这两年疫情的影响，其能否在国际智力竞赛中和其他国家平起平坐，值得怀疑。要以真正的求真务实的态度，更多地学习有针对性的科目，并更改和修订教学计划。

这两年的封控拉低了学龄前儿童和残疾青少年的教育水平，情况远比国际标准低。

需要更好地理解"疫情与数字环境"的关系。要引入远程教育和在线教育并加快本土化发展。特别是高等院校和普教学校的一些教师缺乏开发在线课程的知识和技能。建议像蒙古国这样在信息技术方面不够发达，缺乏数字化环境的国家，从中小学尽快开展在线教育，向教师和大学生提供这方面的培训教育，提高师生的技能，进一步改善网络环境。

通过在线形式开展远程教育在蒙古国这样贫富差距大的国家并不容易。要解决生活条件差问题和多孩家庭没有学习空间的问题，在线课程与电视课堂的时间冲突问题，以及没有智能手机和电脑、无互联网覆盖的偏远地区儿童求学问题。

网络安全需要重视。这里包括因疫情影响在线课堂和青少年上网需求急剧增长等问题。在一份普教学校学生的调查问卷里，对"如何安全使用脸书的了解程度"问题，近半数孩子（47%）称不知道，26%的孩子没有回答。普教学校学生的网络环境知识和其对网络环境的认知如此，即表明成功进行在线形式的课程很困难，说明在线教育环境还没形成。孩子以学习在线课程的理由使用手机、电脑而造成的屏幕成瘾的负面影响案例时有发生。

目前需要提升在线远程教育技术发展水平，解决在线远程教育的质量、标准、安全、师资队伍和学生学习能力等多方面的问题，并制订具体的项目实施计划。

新冠疫情改变了全球许多国家师生的学习生活。学生在网络环

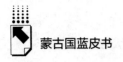

境中学习时需要具备独立的能力；学校创造良好的学习环境，增强教师对在线素材和平台有关知识熟练掌握的能力。教师开展在线课堂时，应该制订关于在线课程授课的教学方案，并且需要在第一节课上介绍给学生。这会帮助教师高质量、成功地开展网络教学工作。同时，教师在备课过程中应该使用学生感兴趣的在线素材和平台，基于此的在线作业对帮助提升学生的思维和逻辑能力也是非常有利的。

实施在线远程教育的基础条件是互联网。蒙古国在掌握太空技术方面是缺乏竞争力的，也是互联网接入成本相对较高的国家之一。有必要研制本国卫星，组建以处理、整理、传输为任务的信息网。为此，需要加强太空技术研究，提高高等院校的教育质量，实施覆盖全社会的普惠政策。蒙古国想要达到这样的程度，可能需要很长的时间。

蒙古国必须选择全球化或去全球化中的一个方向，在国内正确地开展工业革命，发展成一个享用人工智能成果的国家，尽早让人们了解和感知传统课堂教学和线上线下混合教学的理论和方法。

未来蒙古国的教育机构将向线上和线下相结合的教学模式过渡，这必将会成为未来发展的趋势。因此，更重要的是教师要改变教学方法，调整教学方案，不断提升个人综合素质和技能。

蒙古国的教育政策实施不够精准明确，政策之间缺乏衔接导致各项政策无法顺利贯彻落实，管理层结构不合理等因素导致疫情防控期间蒙古国 17 万~20 万名儿童和青少年遗漏了应学知识或形成部分知识空白。如何克服疫情影响在教育中精准定位，将常规教育与在线教育两套体系相互嵌入融为一体，实施新教育模式打造新常态教育，考验着蒙古国教育体系的适应能力，这将是未来蒙古国教育领域的发展趋势。面对疫情考验，蒙古国在总结相关经验的同时也在探索自身的发展道路，疫情过后，结合基于互联网平台的信息共享技术可能会为蒙古国教育领域的发展创造一个新的历史机遇期。

B.6
蒙古国新媒体发展现状
及对经济社会的影响分析

包文明*

摘 要: 互联网技术高度发达的今天,新媒体已成为新闻信息传播领域最为强劲的传播力量,在新闻传播、信息共享、生活娱乐,甚至国家政治、经济方面展现出很强的影响力,对一个国家经济社会发展以及社会结构形成强大的冲击力。蒙古国是新闻自由的国家之一,自民主转型以来,蒙古国媒体性质、媒体管理体制机制发生重大变化。本报告基于蒙古国媒体发展转型,特别是新媒体发展和现状进行梳理和分析,总结和归纳蒙古国新媒体发展特点、存在问题及对经济社会的影响。

关键词: 蒙古国 新媒体 新闻传播 互联网

一 民主转型以来蒙古国媒体发展概况

20世纪80年代末90年代初,随着国际形势和世界格局的剧

---

* 包文明,内蒙古广播电视台广播节目制作传播中心助理翻译,蒙古国立大学在读硕士研究生。

烈变化，蒙古国对政治、经济、社会等领域进行全方位民主改造，实行多党议会制，奉行多支点外交政策。1990 年民主改革给蒙古国人民带来了信仰权、私有权、选举权和被选举权等许多基本人权。言论自由和新闻自由就是其中之一。[①] 1992 年蒙古国国家大呼拉尔通过的蒙古国宪法为蒙古国新闻自由提供了法律基础。[②] 其第十六条规定：享有信仰、自由表达思想观点、言论、出版、和平游行和集会的权利；依法规定游行、集会的规则。第十七条还规定，有权征询、接受除依法属于国家及有关部门机密外的信息，依法规定和保护涉及人权、名誉、声望及国防、安全和社会秩序的单位及个人保密事项等。1998 年，蒙古国国家大呼拉尔正式通过《蒙古国新闻自由法》[③]，该法律一共四条，以保障宪法所规定的言论、出版等自由为宗旨，禁止制定限制新闻自由的法律法规，禁止政府设立或资助监督媒体的行为，禁止政府拥有新闻媒介，此外还要求媒介对自己发表的内容负责。随后，2006 年蒙古国国家大呼拉尔还通过了《蒙古国公共广播电视法》，把唯一的国有广播电视台改为"公共"广播电视台，以确保任何媒体不受政府或政治力量影响。这部法律的通过意味着蒙古国媒体完全私有化。[④] 除了上述法律法规以外，蒙古国还有 90 多条涉及新闻媒体自由活动的文件规

① 〔蒙〕拉罗布苏荣：《蒙古政论文》，蒙古国立大学出版公司，2001，第 58 页。
② 蒙古国宪法，http：//policy. mofcom. gov. cn/page/nation/Mongolia. html，最后访问日期：2022 年 12 月 3 日。
③ 《蒙古国新闻自由法》，http：//www. parliament. mn/，最后访问日期：2022 年 12 月 5 日。
④ Enkhtaivan Erdenesuvd：《邻邦中的中国形象——以蒙古国主流媒体涉华报道为例》，硕士学位论文，上海外国语大学，2012，第 11 页。

定。美国新闻自由社（Freedom House）公布的 2008 年全球 195 个国家及地区新闻自由状况研究中[①]，蒙古国排第 58 名，属于"半自由"级别。国际观察员确定，蒙古国 90% 的媒体单位基本上不受政府任何控制，能公开批评国家领导和政府的不公平或不公正方针政策和活动。据蒙古国环球国际非政府组织出版的《蒙古国新闻媒体事业监测报告（2010 年）》[②]，截至 2010 年，蒙古国共有 430 个新闻单位，共 114 种报纸，102 种杂志，72 个广播电台（其中 68 个是调频电台），116 个电视台（其中 31 个是闭路电视台）。据蒙古国新闻学院 2010 年发布的统计，蒙古国有 15 种日报和 24 种周刊，共有 114 种报纸和 102 种杂志。[③] 世界报业协会发布的报告显示，蒙古国人均报纸拥有量居世界第 21 位。[④] 根据蒙古国媒体研究院 2017 年的研究报告，2012 年蒙古国媒体总数量为 450 家，2016 年减少到 350 家，而网络媒体 2016 年达到了 100 家。[⑤] 新闻法律法规的出台以及互联网技术的广泛应用，推动了蒙古国新闻媒体的发展，特别是传统媒体的转型发展，蒙古国新闻媒体发展状况以及新闻自由状况也相对较好，但是蒙古国新闻业仍存在着一些问

---

① 《2008 年全球新闻自由状况研究报告》，美国新闻自由社，2009。

② 《蒙古国新闻媒体事业监测报告（2010 年）》，蒙古国环球国际非政府组织，2011。

③ Enkhtaivan Erdenesuvd：《邻邦中的中国形象——以蒙古国主流媒体涉华报道为例》，硕士学位论文，上海外国语大学，2012，第 11 页。

④ Enkhtaivan Erdenesuvd：《邻邦中的中国形象——以蒙古国主流媒体涉华报道为例》，硕士学位论文，上海外国语大学，2012，第 11 页。

⑤ ЗохИОГЧ：О. Батсайхан，З. ЛонЖид，Ч. энхбат，С. БааТар，С. Амарсанаа，*MOHTOJЫH TYYX 1911-2017*，улаанбаатар 2018，628.

题。蒙古国新闻学院 2010 年对记者用问答形式进行了调查。① 关于新时期蒙古国新闻媒体业取得的成就，受调查的记者中有 10.5% 的人表示，蒙古国媒体有了新闻自由，不受政府监督、控制和管理；16.2% 的人认为，蒙古国新闻单位数量猛增使新闻媒体业竞争更加激烈；5.4% 的人认为没什么可喜的成就。18.% 的人没回答这个问题。关于新时期新闻媒体业面临的问题，受调查者中 35.1% 的人表示，蒙古国媒体虽然不受政府控制和监督，但由于实力不足深受某种政治力量和党派的深刻影响和干扰；9.5% 的人认为，记者专业能力不强；5% 的人认为记者职业道德不佳；6.8% 的人认为蒙古国新闻半自由；6.8% 的人认为新闻媒介法律环境不佳。自民主转型以来，蒙古国新闻媒体事业得到了空前自由发展，新闻单位的数量也逐年增加，媒体转型发展也较快，但由于媒体所有权不明、法律监督不强等，蒙古国新闻自由还处于"半自由"状态，特别是新媒体时代，以上问题更加凸显。

二　蒙古国新媒体发展概况

（一）蒙古国互联网发展现状

蒙古国引入互联网已有 30 多年。随着互联网技术的快速发展，蒙古国引入光纤宽带和使用高清技术、卫星通信和千兆以太网技术，提高了互联网速度并降低了资费。蒙古国 2009 年和 2013 年先

---

① 《蒙古国新闻业得失总结与记者采编时的本题调查》，http：/www. journalism. mn/index，最后访问日期：2022 年 5 月 6 日。

后引入 3G 技术和 4G 技术，提高了移动电话和调制解调器访问互联网的速度，使得蒙古国互联网覆盖面进一步扩大、互联网用户数量及互联网服务水平进一步提升。尤其是最近 5 年，可以说蒙古国互联网建设突飞猛进（见表 1）。

表 1　2017~2021 年蒙古国电信、通信、网络部分指数

种类	2017 年	2018 年	2019 年	2020 年	2021 年
通信服务收入（万图格里克）	84043921	111202910	130664160	137189060	160252060
移动电话用户（万人）	541.45	586.76	621.47	629.46	666.06
有线电视用户（户）	869622	898185	925199	917532	955472
无线电话用户（万人）	541.45	586.76	621.47	629.46	666.06
卫星通信用户（万人）	502	603	652	679	658
有线电台（万家）	5.69	5.68	5.39	5.39	5.39
互联网服务提供商（家）	75	72	64	64	67
网吧（家）	452	497	338	338	—
网络用户（万人）	326.46	372.67	392.17	390.72	413.73
手机进口（万部）	—	18.96	20.09	19.86	29.46

资料来源：蒙古国国家统计局。

　　蒙古国国家统计局统计数据显示，2017~2021 年，蒙古国通信服务收入增加的主要原因是宽带用户持续高位增长以及移、固融合捆绑营销。截至 2021 年 1 月，蒙古国互联网用户达 201 万人，占总人口的 61%。2020 年，互联网用户数量增加 29.4 万人，即增长17%；蒙古国有 469 万台移动设备连接到网络。[①] 蒙古国电子发展与通信部和国家统计委员会合作开展的"关于家庭和个人信息，通信

---

① 《蒙古国互联网用户达 201 万人》，蒙通社网站，2021 年 6 月 2 日，https://montsame.mn/mn/read/286066，最后访问日期：2022 年 10 月 12 日。

和技术应用的研究"调查显示，截至 2021 年，蒙古国 335 个苏木引入高速互联网，覆盖 80%的家庭。其中 84.3%的人口使用互联网，97.6%的人口使用手机，其中智能手机使用率达到 84.7%。[①] 这表明蒙古国互联网用户占人口比例、互联网用户数量的增长处于世界中高水平，为新媒体用户提供了良好的基础支撑。

（二）蒙古国新媒体发展现状

互联网的普及和推广，给蒙古国媒介带来革命性的变革。在互联网新媒体时代，蒙古国传统媒体快速转型转轨，推进互联网电视、互联网广播、互联网报纸等多媒体形式的融合发展，以互联网为基础的各类社交媒体、媒体平台成为信息传播的又一个主流媒介。从 2013 年开始，蒙古国传统媒体，特别是报纸逐年下降（见图 1），而新媒体数量逐年上升。蒙古国媒体研究院发布数据显示，截至 2020 年 1 月，蒙古国有 500 多家媒体，其中全国性日报社 7 家、20 余家网络电视台、120 多家地方电视台、50 家广播电视台和 150 家数字媒体。

据统计，2021 年蒙古国有超过 260 万名用户活跃在社交媒体，比上一年增加 40 万人以上，增长 18.2%。[②] 蒙古国民众最普遍使用的社交媒体平台有脸书（Facebook，用户为 250 万人），脸书聊天软件（Facebook Messenger，用户为 210 万人），照片墙（Instagram，用户为 67 万人），领英（LinkedIn，用户为 22 万人），

---

① 《蒙古国互联网用户达 201 万人》，蒙通社网站，2021 年 6 月 2 日，https：//montsame. mn/mn/read/286066，最后访问日期：2022 年 10 月 12 日。
② 《蒙古国互联网用户达 201 万人》，蒙通社网站，2021 年 6 月 2 日，https：//montsame. mn/mn/read/286066，最后访问日期：2022 年 10 月 12 日。

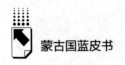

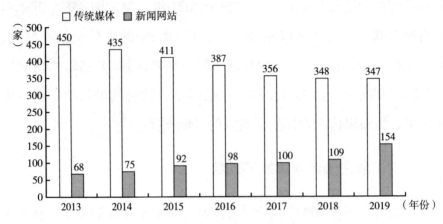

图1　2013～2019年蒙古国媒体发展趋势

资料来源：笔者整理。

推特（Twitter，用户为7.36万人）。① 在互联网及数字革命的推动下，蒙古国传统媒体全部转型。根据2021发布的数据，蒙古国现有人口为337.7804万人，其中平均每7000人拥有一家媒体。② 传统媒体，尤其是电视媒体消费在50岁及以上的公民中仍然很受欢迎。但近年来互联网技术快速发展，截至2020年12月，蒙古国总人口的78.2%成为互联网用户，或者是新媒体用户。③ 另外，50岁以下人口的90%成为脸书、推特等社交媒体用户。④ 随着媒体的融

① 《蒙古国互联网用户达201万人》，蒙通社网站，2021年6月2日，https：//montsame. mn/mn/read/286066，最后访问日期：2022年10月12日。

② 《蒙古国共502个各类媒体开展正常运行》，蒙通社网站，2021年5月3日，https：//eguur. mn/202252/，最后访问日期：2023年2月27日。

③ Интернэтийн хэрэглээний статистик мэдээллийг жил бүр шинэчлэн нийтэлдэгInternet World Stats хуудаснаас Монголын мэдээллийн дараах холбоосоор үзнэ үү，https：//www. internetworldstats. com/asia. htm#mn.

④ Хэвлэл мэдээллийн хэрэглэгчдийн судалгаа. 2020 он. Хэвлэлийн Хүрээлэн .

合发展，报纸、电视、广播等传统媒体利用脸书等社交媒体推广节目或新闻宣传。研究结果显示，截至 2020 年 1 月，数字新闻频道以及 74%的定期工作的媒体有自己的官方脸书页面，但受众对通过脸书收到的绝大多数信息来源毫不知情。2020 年蒙古国媒体研究院对 18~40 岁的 500 人进行民意的调查结果显示①，18~40 岁的受众，特别是年轻人对识别各种各样信息的来源缺乏知识，脸书分发的任何信息他们倾向于相信。蒙古国媒体数量众多，但不等于媒体宣传的内容和立场被受众多样化选择和接受，这是由媒体的市场利益和政治的影响力所决定的。

三　蒙古国新媒体发展特点

（一）管辖权不清晰，具有官方控制特点

2021 年全球新闻自由指数排行榜中，蒙古国在 180 个国家中排名第 68 位，较 2020 年上升 5 位。尽管如此，蒙古国的新闻自由仍被评价为"问题显著"。② 这里所指的"问题显著"是指蒙古国还是"新闻半自由"国家之一。1992 年，蒙古国宪法规定"保障公民的言论、表达和获取信息的自由"。1998 年《蒙古国新闻自由法》规定"国家不得建立对新闻媒体和印刷出版、公布传播的信息设置障碍的组织，同时国家不得为此类设置障碍的活动提供资

---

① Залуучуудын мэдээллийн зан үйл, боловсролын түвшний судалгаа. Хэвлэлийн Хүрээлэн, Бүгд найрамдахчуудын олон улсын хүрээлэн. 2020 он.

② 《蒙古国 2021 年重要指数》，蒙通社网站，2022 年 1 月 6 日，https：//montsame. mn/mn/read/286066，最后访问日期：2022 年 10 月 12 日。

助""禁止国家机关设立新闻媒体,禁止国家机关设立自己管理的新闻媒体"等。2005 年蒙古国国家大呼拉尔通过的《公共广播电视法》将国有的国家广播电视转为公共广播电视。公共服务广播管理机构的成员是由国家大呼拉尔根据总统和政府的建议任命,这些任命具有明显的政治倾向性和国家控制媒介特点。而蒙古国的相关媒介法律始终未限制任何政党、社会组织和个人设立新闻媒体机构,国家层面上也没有出台有关非政府媒体的法律法规。蒙古国新闻院院长木·孟赫曼德赫在介绍其第 20 期年度研究报告时提出,1999 年,他在丹麦发展署的支持下对蒙古国新闻媒体数据首次进行了调研。据调研,蒙古国 70% 的大型新闻媒体的负责人是政府官员,11% 的新闻媒介属于政府管理,其中包括专业报纸和期刊。①

(二)投资多元化,媒介的官方性质进一步淡化

20 世纪 90 年代以后,蒙古国实行私有化改革,并于 1997 年 1 月加入世界贸易组织。经过 30 多年的"阵痛",蒙古国经济开始复苏并呈现较快增长态势。从投资环境的吸引力角度看,蒙古国的媒体行业是一个新亮点,呈现投资多元化,但具有垄断性特点。蒙古国有关机构对 15 家电视台、11 家网站和 6 家报社进行调查显示,32 家媒体中 20 家媒体的所有者和投资者具有某种政治依赖性或依赖于金融和商业部门(见表 2)。

① 《蒙古国 70% 的大型新闻媒体属于政府高官》,蒙古国投资网,2019 年 7 月 19 日,http://www.suld.net/mongolia-news/mongolia-news1122.html,最后访问日期:2022 年 10 月 12 日。

表 2　蒙古国部分主流媒体所有者和控制者概况

类别	序号	新闻媒体名称	在通信管理协调委员会注册的法人	投资者和政治属性
电视	1	蒙古国公共广播电视台	蒙古国公共广播电视台,阿·布仁巴特尔	蒙古国政府、蒙古人民党
	2	蒙古电视	"蒙古电视"股份有限公司	"嘎楚日特"股份有限公司董事长勒·青巴特和他女儿文化部部长彻·诺敏
	3	NTV 电视	"NTV 广播电视"股份有限公司,阿·巴雅尔巴特	前国会议员格·巴特呼家庭占 50%,他弟弟格·巴特赛汗占 50%
	4	25 电视	"АЭ энд ЖААГ"股份有限公司,泽·阿拉泰	前国会议员德·图雅、国会议员奥·苏德毕力格的母亲占50%的股份。剩余的股份由泽·阿拉泰、勒·扎日嘎拉赛汗、德·嘎拉桑扎日嘎拉、巴·南丁图西格等人控制
	5	老鹰电视	"老鹰广播电视"股份有限公司,普·赛恩毕力格	"高勒木特"银行董事会主席达·白斯嘎兰
	6	SBN 电视	"超级传媒集团"股份有限公司	前国会议员"太阳贸易"股份有限公司董事会主席斯·宝勒和特
	7	祖国、中央电视	"天佑祖国"股份有限公司,格·昂哈巴雅尔	"MCS"集团董事长扎·奥都扎日嘎拉姐姐的女婿,演员、主持人格·昂哈巴雅尔
	8	教育电视	"传媒教育频道"股份有限公司,纳·门德巴雅尔	"高勒木特"银行董事会主席达·白斯嘎兰
	9	C1 电视	"MBS"股份有限公司,达·阿闰色楞格	前总统哈·巴特图勒嘎
	10	TV5 电视	"明海"股份有限公司,策·巴泽日阿日格查	国会议员德·萨仁格日勒

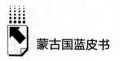

续表

类别	序号	新闻媒体名称	在通信管理协调委员会注册的法人	投资者和政治属性
电视	11	TV9 电视	"媒体控股"有限责任公司,特·巴桑苏仁	蒙古人民革命党主席那·恩和巴雅尔和他妹妹那·恩和图雅
	12	TV8 电视	"TV8 频道"股份有限公司,M. 奥登格日勒	"权威蒙古"传媒集团董事长哈·满都呼巴雅尔
	13	UBS 电视	"乌兰巴托电视"股份有限公司,勒·巴拉哈扎布	作曲家勒·巴拉哈扎布
	14	Live 电视	"世界消息传媒集团"股份有限公司,德·奥特跟扎日嘎拉	首都人民会议代表嘎·岗嘎牧仁
	15	彭博电视（蒙古）	"国家新闻集团"股份有限公司,额·道勒格央	国会议员策·次仁彭次格女婿,日常新闻报纸联盟主席额·道勒格央
网站（关注度前八名网站）	1	IKon. mn	"恩赐"股份有限公司,热·奥云其其格	创始人格·阿拉坦格日勒,车·宝鲁尔图雅
	2	Gogo. mn	"蒙古内容"股份有限公司	蒙古移动通信公司
	3	News. mn	"新闻通讯社"股份有限公司	前总统策·额勒贝格道尔吉的妻弟哈·宝勒德巴特尔
	4	Eguur. mn	"标志"股份有限公司,扎·米达格巴达玛	董事长特·呼奇特巴特尔
	5	Ubinfo. mn	政府新闻报	国会议员策·次仁彭次格的女婿,日常新闻报纸联盟主席额道勒格央
	6	Caak. mn	Caak. mn,额·斯日格楞	创始人、法人额·斯日格楞
	7	Zindaa. mn	"扎木合国际"股份有限公司,那·钢图雅	"权威蒙古"传媒集团董事长哈·满都呼巴雅尔
	8	Livetv. mn	"世界消息传媒集团"股份有限公司,德·阿玛尔图布新	首都人民会议代表嘎·岗嘎牧仁

类别	序号	新闻媒体名称	在通信管理协调委员会注册的法人	投资者和政治属性
（其他网站）	9	Medee. mn	"蒙古舆论"股份有限公司，勒·孟和图日	前总统办公厅主任赞·恩赫包勒德
	10	Eagle. mn	蒙古媒体集团	"高勒木特"银行董事会主席达·白斯嘎兰
	11	Zarig. mn	"尖笔"有限责任公司，那·乌尼尔其其格	创始人、法人那·乌尼尔其其格
报纸	1	Өнөөдөр	蒙古新闻集团，巴·南丁图希格	巴·南丁图希格
	2	өдрийн сонин	"每日新闻"股份有限公司，扎·桑达格道尔吉	——
	3	Моголын мэдээ	"蒙古新闻报"股份有限公司	——
	4	Үндэсний шуудан	"冒顿单于"股份有限公司	企业家达·贺西格
	5	Өглөөний сонин	"权威蒙古"股份有限公司，额·恩赫包勒德	"权威蒙古"传媒集团董事长哈·满都呼巴雅尔
	6	Зууны мэдээ	"ZGMS"有限责任公司，德·奥特根巴雅尔	蒙古人民革命党主席那·恩和巴雅尔和他妹妹那·恩和图雅

资料来源：根据《蒙古国新闻传播为什么出现问题，我们的方向在哪里》制作，2021 年 5 月 3 日，https://eguur.mn/202252/，最后访问日期：2023 年 2 月 27 日。

　　根据表 2 内容进行分析，蒙古国 32 家主流媒体中，大部分是由政府、政治家投资经营的，所有者和投资者具有某种政治属性。由于缺少系统性法律和制度支持、管控，蒙古国媒介表面上的官方性质进一步淡化，但实质上具有公有制和集中的私有制，如家族或官方控制特点。

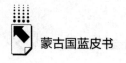

（三）舆情具有广泛性和直接性特点

一是蒙古国网络舆情具有广泛性特点。近年在蒙古国 Google 搜索引擎中，"E-mongolia"、"Ard Coin"、"DAX"和电子博彩 1xBet 等成为蒙古国搜索量较高的词汇。例如，2020 年至 2021 年，蒙古国互联网用户用 Google 搜索的最多内容是与国家紧急情况委员会决定相关的信息，2020 年国家大呼拉尔选举、2020 年美国总统选举以及有关新冠疫情等国内外重大新闻。互联网用户的热门话题是有关汽车二维码、核酸检测、疫苗、美国总统选举、蒙古国 2020 年国家大呼拉尔选举、韩国 Blackpink 女团等。在 YouTube 的排行榜中，GangBay 乐队和他们的歌曲 *Gangan Tsagaan* 名列前茅。紧随其后的是 B Production 的 *Nene*、*Baji & Yalalt Vlog*，Blackpink 女团的 *How You Like That*、*100's Love Vlog*，Vandebo 乐队的 *Ginjin* 等歌曲。因此，蒙古国网民关注的热点是既包括国际社会，本国经济、政治、社会、民生等问题，也包括涉及个人生活切身利益的话题，网络舆情涉及的内容具有广泛性。

二是蒙古国网络舆情具有直接性特点。全媒体时代，舆情传播的门槛低、速度快，特别是以 Twitter、Facebook、Instagram、WhatsApp 等为代表的网络社交工具，是国际主要社交通信平台，在全球拥有大量的使用者，仅 Facebook 就每月有 29 亿名受众。① 相比中国的社交媒体，蒙古国使用的这些社交平台传播速度更快、受众更多，更利于负面舆情传播发酵，很容易形成全球性网络

---

① https：//statusbrew.com/insighs/social-media-statistics/，最后访问日期：2022 年 12 月 3 日。

舆情。

三是蒙古国媒体具有分众化和大众化特点。虽然蒙古国的媒体私有化率很高，但由国家掌控的蒙古国家广播电视台（MNB）仍然占据主导地位，特别是在农村地区。随着有线电视的兴起，城市观众越来越喜欢娱乐性和内容新颖的节目。蒙古国有15家有线电视运营商，提供100多个频道，包括英国广播公司（BBC）、美国有线电视新闻网（CNN）、半岛电视台（Al Jazeera）、日本广播协会（NHK）、美国国家地理频道（National Geographic Channels International）、中国中央电视台（CCTV）等。① 蒙古国的通讯社或报纸用多种语言出版，包括新闻和其他内容的报刊，其中有很受欢迎的官方机构——蒙古国家通讯社用五种语言即英语、俄语、汉语、日语和传统蒙古语出版刊物。蒙古国私营媒体企业占比较高，比如GOGO新闻频道、TV2电视台等媒体根据不同受众，推出独具特色的地方节目，涉及旅游、文化（比如民族文化、蒙古游牧文化）等内容，以及国际和国内的纪录片、早晚间新闻和体育比赛，深受广大用户的喜爱。

四　蒙古国新媒体给社会生活带来的影响

（一）蒙古国新媒体给社会生活带来的正面影响

一是新媒体发展对政治生态的影响。蒙古国是新媒体高度自由

---

① 〔蒙〕阿努达里·恩克图尔：《蒙古国：数字媒体广受青睐》，王晓波译，《中国投资》（中英文）2019年第9期。

发展的国家之一，社交媒体已经开始全方位影响蒙古国的政治生态。2020 年蒙古国政府向每位公民发放 30 万图格里克现金福利以及支持有关选举和新冠疫情新闻的措施表明①，当前蒙古国政界利用社交媒体引导公众舆论的倾向较为明显。蒙古国的互联网用户数量及其增长水平处于世界中高水平，但是蒙古国很少对互联网用户进行定期调查研究。② 因此，蒙古国还缺乏关于互联网用户使用互联网的明确信息。在蒙古国，高校、科研机构及商业调查公司对"民意"和"公众意见"调查比较频繁，包括政治、经济、社会、民生等各个领域，某种程度上体现蒙古国民众所关注的热点问题。蒙古国国内所开展的"民意"和"公众意见"调查，偏向商业性和政治性，对蒙古国政界有一定的借鉴作用。蒙古国互联网新媒体的发展，极大地改变了信息传播的方式，使信息的传播更具有互动性。但由于媒体监管不足，蒙古国网络媒体某种程度上成为为权力和金钱服务的"伪造信息的网络机器人"。

二是新媒体发展对经济发展的影响。随着科技和互联网的不断发展，各式各样的社交软件不断被推出，现在企业也可以通过网络进行宣传及开展一系列的工作，很多公司逐渐重视新媒体建设，因此对新媒体运营人员的需求也在不断提升。新媒体是蒙古国第三产业的重要分支，已有数十年的发展时间，目前市场正处于快速发展阶段，传统媒体行业已经逐渐被新媒体取代。据统计，媒体行业每

---

① 《蒙古国互联网用户达 201 万人》，蒙通社网站，2021 年 6 月 2 日，https：//montsame. mn/mn/read/286066，最后访问日期：2022 年 10 月 12 日。
② 《蒙古国互联网用户达 201 万人》，蒙通社网站，2021 年 6 月 2 日，https：//montsame. mn/mn/read/286066，最后访问日期：2022 年 10 月 12 日。

年花费 500 亿图格里克，根据品牌的成熟度，由 10% ~ 25% 的媒体消耗 500 亿图格里克的 60% ~ 70% 的资金。蒙古国媒体行业从业人员约 4800 人。如果我们将其与上述数字进行比较，则每年每家媒体约为 9900 万图格里克，而一个编辑部每月需要"靠"800 万图格里克"生活"。[①] 尽管如此，蒙古国还没出现媒体破产的现象。

三是新媒体对人们生活的影响。新媒体的发展向人们传递了更加丰富的新闻信息以及娱乐服务。相比传统媒体，新媒体有自己的特点，人们为了缓解快节奏带来的身心压力，借助新媒体的丰富娱乐功能满足人们闲暇时间放松身心的需求，也满足了人们及时沟通与互动的需求，而且新媒体在信息传播上具有更好的互动性和丰富性。

（二）蒙古国新媒体给社会生活带来的负面影响

一是对青少年负面影响较大。蒙古国教育部和联合国儿童基金会合作对蒙古国 11 个省和乌兰巴托市 5 个区的学校进行研究，其结果显示，疫情防控期间的网课增加了学生使用网络的机会。4.9% 的家长填写"孩子每日使用网络时间"时写"6 个小时以上"，11.9% 的家长填写"孩子经常或每日玩网络游戏"，4.6% 的家长填写"孩子玩网络游戏 3 ~ 4 个小时"。沉迷网络也成为蒙古国青少年生活的一部分内容，占每天 1/4 ~ 1/3 的时间。蒙古国国家统计委员会针对蒙古国未成年救助热线反映问题（2019 ~ 2021 年）的一项研究显示，12.5% 的 5 岁以下儿童在家无人监管，1.87 万名

---

① 《蒙古国新闻传播为什么出现问题，我们的方向在哪里》，2021 年 5 月 3 日，https：//eguur.mn/202252/，最后访问日期：2023 年 2 月 27 日。

17 岁及以下的青少年儿童不与父母同住。在反映的问题中，"家庭问题"的数量逐年增多，2021 年占比达 95.80%，而反映媒介环境的问题近三年保持平稳，其成为影响蒙古国青少年的主要因素之一（见表3）。

表 3　蒙古国未成年救助热线反映问题（2019~2021 年）

单位：个

反映问题种类	2019 年		2020 年		2021 年	
	数量	占比	数量	占比	数量	占比
家庭环境	4094	75.30%	6670	91.70%	7454	95.80%
学习环境	590	10.90%	192	8.10%	125	7.60%
健康环境	7	0.10%	8	0.10%	4	0.10%
公共服务环境	735	13.50%	379	5.20%	182	2.30%
新媒体环境	9	0.20%	24	0.30%	17	0.20%
共计	5435		7273		7782	

资料来源：蒙古国国家统计委员会。

由于家庭和社会环境等众多因素的叠加影响，蒙古国青少年的上网时间过多，凸显了网络对身心健康潜在的负面或者消极影响。

二是媒体监管不足。随着互联网和数字技术的发展，媒介属性越来越凸显，网络舆情治理能力愈加关系到国家安全与社会稳定。蒙古国国家大呼拉尔于 2010 年通过的《蒙古国国家安全构想》规定，"媒体的所有权和隶属关系应透明，其活动应客观、平衡和负责"。截至 2021 年，国家安全委员会尚未发布确保和监督有关媒体所有权和透明度的相关决议、决定和规定。

三是媒体发展不平衡。由于蒙古国国内媒体受众市场规模较小，随着电视和广播的合并，新媒体的发展，视频内容的质量提高，大型电视等融媒体变得更加突出。以广告收入为主的商业运营模式的小型媒体公司正在走向低迷，另外受众对记者和媒体机构的信心持续下降，导致这些媒体失去了更多受众市场，从而加剧媒体不平衡发展。

综上所述，新媒体已成为蒙古国的主流媒介，给蒙古国经济社会以及信息传播领域带来了巨大的变化。尤其传统媒体的转型发展、媒体融合发展，推动了蒙古国媒体事业的巨大变革。但是，随着新媒体的发展，新闻信息的发布越来越混乱，媒体的所有权结构更加模糊，媒体监管面临更多压力，给媒体融合发展带来了巨大的负面影响。这是世界上每个国家面临的共同问题，因此出台有效的法律法规、加强国际合作开展媒体治理极为重要。

B.7
蒙古国新政府对外经济合作政策分析

哈斯巴特尔　黄佟拉嘎　〔蒙〕满都海*

摘　要：　由于新冠疫情的蔓延，蒙古国近两年的国内贸易和对外贸易均受到了影响，蒙古国新政府在控制新冠疫情蔓延的同时，采取措施调解政府和外国投资者之间的协议纠纷、改善国内投资环境、吸引外国直接投资。未来，蒙古国新政府延续上届政府的政策，在国家长期发展规划纲要《远景-2050》框架内，实施计划复苏国内经济、重视边境贸易发展、积极参与区域一体化。

关键词：　蒙古国　新政府　对外经济合作　《远景-2050》

一　蒙古国对外经济合作政策发展

20世纪90年代初苏联解体，蒙古国开始实施独立自主的对外经济政策。在转型后的30年，蒙古国不断地调整与完善对外经济政策，以更好地参与国际合作，促进蒙古国国内经济的发展。

---

* 哈斯巴特尔，内蒙古财经大学商务学院副教授，主要从事国际关系研究；黄佟拉嘎，蒙古国立大学国际关系学院国际关系专业在读博士研究生，主要研究方向为蒙古国国别研究；〔蒙〕满都海，蒙古科学院国际关系研究所研究员，主要从事国际关系研究。

（一）开始实施独立自主的对外经济政策

1990 年 4 月，蒙古国举行蒙古人民革命党特别代表大会，在本次会议上通过了《蒙古人民革命党纲领》，提出了摒弃社会主义、实行多党制、改革所有制、发展市场经济。1994 年 6 月 30 日，蒙古国国家大呼拉尔通过了《蒙古国的国家安全观》，文件中明确，蒙古国开展对外经济合作时，首要任务是安全，不应该依赖任何特定的国家，在平等、互利的基础上，根据国际经济关系的原则和规范展开合作。在选择与国家利益相关项目的合作伙伴时，政治利益发挥主要作用。开展对外经济合作的最终目标是，通过开展对外经济合作，确保在区域经济一体化中占据适当的地位。① 显然，该文件通过制定尊重国家利益的独立外交政策的基本原则和方向，为蒙古国对外合作的顺利展开奠定了基础。1997 年，蒙古国加入了世界贸易组织（WTO）。从此，蒙古国的对外经济迈上了新的台阶，蒙古国与世界贸易组织成员方以最优惠的条件进行贸易。1998 年 5 月，蒙古国通过了《21 世纪行动纲领》，这是蒙古国第一次与国际发展接轨的全面蓝图。

（二）积极参与区域合作以带动国内经济发展

到了 21 世纪第二个十年，世界和蒙古国国内都发生了重大变化，蒙古国国家大呼拉尔通过了新的《对外政策构想》、两项

---

① Монгол улсин их хурлын тогтоол. "Монгол Улсын Үндэсний аюулгүй байдлын үзэл баримтлал". 1994. 06. 03.

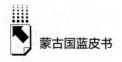

中长期发展计划，调整与完善了原来的对外政策构想，并对国家的未来发展做出了规划。2011 年，蒙古国对 1994 年出台的《对外政策构想》进行了修订。2011 年 2 月 10 日，蒙古国国家大呼拉尔通过新的《对外政策构想》（Монгол улсин Гадаад бодлогын үзэл баримтлал），这一新的《对外政策构想》与原来的《对外政策构想》具有继承性，新的《对外政策构想》对原有的《对外政策构想》进行了补充。文件中确定，蒙古国首要任务是与俄罗斯与中国两大邻国发展关系，并在文件中提出了"第三邻国"概念，即加强与美国、日本、欧盟等国家和国际组织的关系。根据《对外政策构想》内容，政策的目标是：首先，确保国民经济和经济安全的可持续增长，改善人口生活状况，提高对外经济关系的有效性；其次，坚持对外经济关系发展中的平等互利，严格遵守公认的原则和规范，基于蒙古国国家安全观的规定，努力确保政府各方面的安全，并避免过度依赖任何国家；最后，根据国家安全目标，执行对经济发展产生重大影响的项目和措施，例如建立大型经济和自由贸易区、合资企业或外商投资企业，建立新的基础设施。①

政府颁布对外经济关系计划，明确开拓新市场的目标。2015 年，蒙古国政府颁布了《蒙古国对外经济关系计划》（Монгол Улсын эдийн засгийн гадаад харилцан хөтөлбөр），该政策中明确强调，蒙古国要加入区域经济一体化，以此来增加进入国外市场的机

---

① Монгол улсин их хурлын тогтоол. 《Монгол улсин Гадаад бодлогын үзэл баримтлал》 Дугаар 10 Төрийн ордон，Улаанбаатар хот. 2011. 2. 10.

会并开拓新市场，同时减小国家没有出海口的影响，发展基础设施。① 在政策中列出了具体的目标内容：第一，增加进入国外市场的机会并开拓新市场；第二，支持国家企业的出口导向型业务活动；第三，引进先进的技术，这有利于提高企业的竞争力；第四，吸引国外投资。②

2016 年，蒙古国国家大呼拉尔通过了《可持续发展构想 - 2030》（Монгол Улсын тогтвортой хөгжлийн үзэл баримтлал - 2030）。③ 其中，在宏观经济政策原则中提出：第一，加强与国际经济组织合作，签署有关经济合作和自由贸易的协议，实施重大区域计划；第二，促进公私伙伴关系，利用国际合作基金和长期优惠贷款，与国际金融组织合作，协调政策。④

蒙古国制定《远景-2050》计划，明确未来继续积极参与区域一体化的目标。2020 年 5 月，蒙古国国家大呼拉尔通过了《远景-2050》（Алсын хараа 2050），其中关于蒙古国对外经济合作部门提出了分三个阶段，逐步实现参与经贸区域一体化的目标（见表1）。

---

① Монгол Улсын засгийн газрын тогтол：《Монгол Улсын эдийн засгийн гадаад харилцан хөтөлбөр》. Засгийн газрын 2015 оны 474 дүгээр тогтолын 1 дүгээр хавсралт. Хоёрдугаар хэсэг 3дугаар зүйл. 2015он.

② Монгол Улсын засгийн газрын тогтол：《Монгол Улсын эдийн засгийн гадаад харилцан хөтөлбөр》. Засгийн газрын 2015 оны 474 дүгээр тогтолын 1 дүгээр хавсралт. Хоёрдугаар хэсэг 2 дугаар зүйл. 2015он.

③ Монгол улсин их хурлын тогтоол. 《Монгол Улсын тогтвортой хөгжлийн үзэл баримтлал - 2030》. Монгол улсин их хурлын 2016 оны 19 дүгээр тогтолын хавсралт. 2016. 02. 05.

④ Монгол улсин их хурлын тогтоол. 《Монгол Улсын тогтвортой хөгжлийн үзэл баримтлал - 2030》. Монгол улсин их хурлын 2016 оны 19 дүгээр тогтолын хавсралт. Хоёрдугаар хэсэг1дугаар зүйл. 2016. 02. 05.

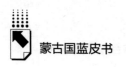

表1　蒙古国"远景-2050"实施阶段和总体方向

	第一阶段 （2020~2030年）	第二阶段 （2031~2040年）	第三阶段 （2041~2050年）
主要方向	加强区域经济合作	加强与"第三邻国"经济合作	积极参加区域经济合作
具体措施	发展与邻国的经济走廊；与中国、俄罗斯建立自由贸易协议；通过加入区域经济和贸易一体化来改善对外经济关系	确保与邻国以及与"第三邻国"的关系平衡发展	积极参与亚太地区经贸一体化，通过扩大经济合作来增加合作
目标	加强蒙古国、中国、俄罗斯之间的经济走廊建设；确保外交关系的平衡；蒙古国加入区域经贸一体化和实现贸易便利化	成为世界知名的、有竞争力的东北亚投资中心	实现"亚洲之蒙古国"强国目标

资料来源：蒙古国《远景-2050》。

蒙古国《远景-2050》把未来三十年的发展，分成三个阶段实施。从2020年开始的十年，蒙古国的对外经济合作以区域经济合作为主，在注重与邻国的经济走廊发展的同时，强调与邻国建立贸易协议以及参与经济一体化来实现其对外经济关系的发展。在规划的第二阶段，也就是2031~2040年，蒙古国要把重点放在平衡与邻国以及与"第三邻国"的关系，进一步加强世界范围内的经济合作，致力于把蒙古国建设成为有世界影响力的国家，并在东北亚提高其国际地位，成为东北亚区域有竞争力的投资中心。针对第三阶段，也就是2041~2050年，蒙古国提出了"亚洲之蒙古国"的强国目标，旨在进一步提高蒙古国的国际地位，积极参与亚太经贸一体化，更加积极地参与区域经济合作，从而实现强国目标。①

（三）蒙古国新政府对外经济政策调整

2021 年 1 月 29 日，蒙古国政府新总理奥云额尔登向国家大呼拉尔全体会议介绍新政府 16 名成员，并予以任命。奥云额尔登总理表示，新政府将延续上届政府的政策，在实施国家长期发展规划纲要《远景－2050》的基础上，奋力实现后疫情时代的经济与社会可持续发展目标。以奥云额尔登总理为首的新政府亟须解决的首要问题是，控制新冠疫情的蔓延、调解政府和外国投资者之间的协议纠纷、解决经济增速不断下滑和高层内部出现政见分歧等。②

新冠疫情暴发后，蒙古国新政府调整了对外经济政策。2020年 4 月 29 日，蒙古国国家大呼拉尔通过了《防控新冠疫情和减轻社会经济负面影响法》，文件指出，本法的目的是预防和抗击新冠疫情、保护公众健康、减少经济的负面影响。蒙古国国家大呼拉尔应采取以下措施预防和抗击疫情，减少其对社会和经济的负面影响：国家大呼拉尔讨论和解决疫情期间紧急措施有关的法律草案和其他决定；定期监测政府为预防和抗击疫情所采取的措施，减少其对社会和经济的负面影响。对疫情防控期间因隔离和限制措施而活动受到干扰的经营单位和组织，以及被切断工资和收入的公民提供

---

① Монгол Монгол улсин их хурлын тогтоол.《Алсын хараа 2050》. 2020. 05. 13.
② 《蒙古国新政府宣誓就职》，《蒙古消息报》2021 年 2 月 4 日，第 1 版。

适当的支持。① 2021 年 12 月 20 日，蒙古人民党议会党团召开会议，支持将疫情法延长至 2022 年 7 月。该建议经政府会议讨论后提交给国家大呼拉尔。②

蒙古国新政府做出规划，明确未来几年工作的主要方向是控制疫情实现经济复苏。2020 年 8 月 28 日，蒙古国国家大呼拉尔通过了《蒙古国政府 2020—2024 年行动计划》（Монгол Улсын Засгийн газрын 2020-2024 оны үйл ажиллагааны хөтөлбөр батлах тухай），文件中指明了蒙古国在未来几年工作的重点方向。蒙古国要增加出口、创造就业、增加公民收入，并通过一切可能的金融手段资助对经济产生影响的 10 个重大项目，即被列入蒙古国政府 2020~2024 年的行动计划的项目。落实政策措施，克服新冠疫情带来的经济和社会困难。在新冠疫情期间，将继续采取以下措施支持公民和企业实体：营造法治环境，建立电子学习系统；在"电子蒙古国"活动框架内，整个劳动和社会保障部门将实现数字化，向公民提供的服务将变得透明、及时。在经济政策方面有，实施短期内克服金融和经济困难的政策，确保经济可持续和包容性增长。分阶段开展自由经济区基础设施建设，为发展出口和国内市场的贸易、服务和轻工业创造条件，支持国内外投资者。提高口岸通行能

---

① МОНГОЛ УЛСЫН ХУУЛЬ. КОРОНАВИРУСТ ХАЛДВАР /КОВИД - 19/- ЫН ЦАР ТАХЛААС УРЬДЧИЛАН СЭРГИЙЛЭХ, ТЭМЦЭХ, НИЙГЭМ, ЭДИЙН ЗАСАГТ ҮЗҮҮЛЭХ СӨРӨГ НӨЛӨӨЛЛИЙГ БУУРУУЛАХ ТУХАЙ. 2020 оны 04 сарын 29 өдөр. https：//old. legalinfo. mn/law/details/15312, 最后访问日期：2022 年 1 月 9 日。

② 《蒙古人民党议会党团支持将疫情法延长六个月》，蒙通社网站，2021 年 12 月 21 日，https：//www. montsame. mn/cn/read/284677，最后访问日期：2022 年 1 月 9 日。

力，达到邻近口岸标准。改造边防检查站建筑物和设施，提高其质量。建立靠近市场、靠近自然资源、人力资源充足、产业发展环境良好的边境经济合作区。设立并运行"出口保障基金"，对出口产品的经营主体提供专项支持。① 2020 年 11 月 24 日，在国际货币基金组织的框架内，蒙古国银行实施了一系列政策，旨在支持中短期经济，并确保经济和金融稳定。首先，政策利率下调 5 个百分点。降低政策利率是一项旨在不影响通胀目标的情况下，维持经济和金融稳定的措施。其次，银行间小额交易手续费减免。再次，偿还贷款困难的借款人的还款期限最多延长 12 个月。最后，决定支持中小企业和非矿业出口等。②在《蒙古国政府 2022 年规划》中，蒙古国政府明确工作的目标：克服金融和经济困难，确保可持续的经济增长；发展矿业，促进稳定、多支柱的经济结构发展；启动石油、铜精矿、冶金等重工业建设，实施相关基础设施项目；发展农业生产，充分满足国内对重点粮食产品的需求，并提高产品质量替代进口；发展基于自然、历史和文化遗产的可持续旅游业；确保能源的可靠性、安全性和稳定性；建立以智能交通系统为基础的全国运输网络，促进经济增长。③ 由于全球新冠疫情的流行，蒙古国的经济在 2020 年收缩了 4.6%。尽管对外贸易和服务业开

---

① Монгол улсын засгийн газар. Монгол Улсын Засгийн газрын 2020–2024 оны үйл ажиллагааны хөтөлбөр батлах тухай. 2020 оны 08 сарын 28 өдөр. https://www. meds. gov. mn/hutulbur，最后访问日期：2022 年 1 月 4 日。

② Монгол банк. КОВИД 19-ИЙН ҮЕД МОНГОЛБАНКНААС АВЧ ХЭРЭГЖҮҮЛЖ БУЙ АРГА ХЭМЖЭЭ，2020 年 1 月 24 日。https://www. mongolbank. mn/news. aspx? id = 2663&tid = 1，最后访问日期：2022 年 1 月 4 日。

③ МОНГОЛ УЛСЫН ХӨГЖЛИЙН 2022 ОНЫ ТӨЛӨВЛӨГӨӨ. Монгол улсын засгийн газар. Улаанбаатар хот，2021.

放后，经济逐步复苏，但新冠疫情给经济带来的不确定性依然存在，疫情造成的损失尚未得到弥补，经济领域处于弱势。未来，市场需要加快经济复苏和加速增长，才能实现《远景-2050》长期发展的政策目标。①

二 蒙古国新政府对外经济政策特点

2021年1月29日，蒙古国总理奥云额尔登提出四大目标，积极应对新冠疫情、使遭受重创的经济尽快得到恢复、支持和培育中产阶层、公正公平与电子化治国理政。政府将在《远景-2050》规划框架内支持加工业、农牧业、能源、旅游业、中小型企业、物流、创新、信息技术等领域。② 2021年12月6日，蒙古人民党第30次代表大会上，蒙古国总理奥云额尔登当选蒙古人民党主席，并在会议上公布了六项复兴蒙古国经济的举措，包括：口岸复兴、能源复兴、工业复兴、城乡复兴、绿色发展复兴、国家效率复兴。③

（一）保护经济政策已见成效，蒙古国经济正在复苏

在新冠疫情暴发前的三年里，蒙古国经济稳步增长，但受疫

---

① "Шинэ сэргэлтийн бодлого хэрэгжсэнээр чинээлэг дундаж давхарга тэлж, иргэдийн амьдралын чанар сайжирна". 2021. 12. 27. https：//gogo. mn/r/3kn03, 最后访问日期：2022年1月4日。
② 《蒙古国新政府宣誓就职》，《蒙古消息报》2021年2月4日，第1版。
③ 《蒙古国总理公布六项复兴政策》，蒙通社网站，2021年12月9日，https：// www. montsame. mn/cn/read/283604，最后访问日期：2022年1月9日。

情的负面影响，2020 年生产和投资出现下滑，GDP 出现 11 年来首次萎缩。2021 年 4 月 28 日，亚洲开发银行发布了《2021 年亚洲发展展望》，2020 年蒙古国经济萎缩 5.3%，2021 年增速达4.8%，随着经济的全面复苏，预计 2022 年蒙古国经济将增长5.7%。随着经济复苏、需求增加、燃料价格上涨以及汇率对进口商品价格的影响，2021 年平均通胀率将升至 6.9%，2022 年将升至8.5%。2022 年，随着新冠疫情大面积流行风险的降低，蒙古国经济状况有望得到改善。[①]

蒙古国实施的防控疫情支持经济复苏政策，也支持了企业的发展。2021 年 8 月 27 日，蒙古国政府、私营部门和投资者之间"疫情防控期间的经济"磋商会在国家宫举行。蒙古国总理奥云额尔登指出，《保护健康并振兴经济的 10 万亿图格里克综合计划》已见成效，蒙古国经济正在复苏，该计划的总实施率达到 34%，向企业和个人共计发放 3.4 万亿图格里克的贷款。奥云额尔登总理提议，采购电子化、成立电子发展与通信部和为疫情防控期间的经济复苏创造法治环境等。与会的投资者和国际组织代表表示，他们愿意在农牧业、可再生资源和粮食生产方面展开合作。[②] 2021 年 9 月蒙古国总统乌·呼日勒苏赫表示，疫情暴发前，即在 2017～2019年，蒙古国国内生产总值平均增长 6%。在此期间，外贸顺差 10亿～20 亿美元，外商直接投资保持在 2 亿～30 亿美元，蒙古国债务

---

① 《Монгол Улсын эдийн засаг 2021 онд алгуур сэргэх төлөвтэй байна》，亚洲开发银行官网，2021 年 4 月 28 日，https://www.adb.org/mn/news/mongolia-growth-gradually-recover-2021-adb，最后访问日期：2022 年 1 月 4 日。

② 《鲁·奥云额尔登：为疫情后的经济复苏创造法律环境》，《蒙古消息报》2021年 8 月 19 日，第 1 版。

状况得到显著改善，信用评级提高，官方对外投资政策保持稳定，然而，蒙古国经济在 2020 年和 2021 年面临重大挑战，蒙古国政府正在实施反周期财政、货币和反危机计划以促进经济增长。同时还与其他国家、国内外投资者、企业家和跨国公司积极合作。例如，除了作为蒙古国经济的主导部门的采矿业外，蒙古国政府正在实施出口导向型产业、农业、能源、天然气和炼油等重大项目和计划。[①]

（二）注重改善国内投资环境吸引外国投资

新冠疫情严重影响了蒙古国的商业和投资，虽然国有企业实现盈利，但是私营企业正在萎缩。蒙古国经济学家扎·德勒格尔赛汗分析指出，其主要原因有两方面。一是蒙古国未能在 2008 年金融危机后保持活跃的外国投资趋势，并且没有增加和吸引外国投资的可持续政策。二是蒙古国政府对私营企业尤其是采矿业的态度，蒙古国政府打击非法活动，但这一措施对非法占有自然资源的人、合法经营的人都产生了影响。扎·德勒格尔赛汗表示，蒙古国的外国投资者"逃跑"的最大原因是政治化。蒙古国现在有了《远景-2050》规划，目前蒙古国发展缓慢、竞争力薄弱，为了蒙古国更好地发展，最重要的就是吸引国内外投资，从当前的经济新形势看，外国投资格外重要。[②]

---

① 《蒙古国总统乌·呼日勒苏赫在东方经济论坛全体会议上发表讲话》，蒙通社网站，2021 年 1 月 9 日，https：//www.montsame.mn/cn/read/274610，最后访问日期：2022 年 1 月 9 日。

② 《扎·德勒格尔赛汗：外国投资者"逃跑"的最大原因是政治化》，《蒙古消息报》2021 年 5 月 27 日，第 5 版。

蒙古国国内经济自由度得到提升，贸易自由度提高。2021年3月，美国传统基金会公布了2021年《经济自由度指数》报告，根据各国的法律环境、政府行动、监管协调效率、开放市场四个指标进行评比，对178个国家的经济自由度进行了排名。蒙古国在178个国家中排第86位，2020年在180个国家中排第126位。2021年蒙古国被列入经济自由度为中等的国家。报告指出，虽然蒙古国的法律环境中的财产权等方面有下降趋势，但是法院对法律环境的作用、在开放市场环境中的贸易自由等方面有所提升。①

致力于改善国内法律环境，营造良好的投资环境。蒙古国政府实施反腐工作，重点从根部解决腐败问题，即扼杀行贿行为。奥云额尔登表示，其将竭尽全力建立一个不压制任何人的独立、公正的司法系统。② 此外，蒙古国国家发展局正试图通过创造法律环境、保护投资者权益、吸引外国直接投资、进行服务改革、应对疫情等来恢复局势。2010~2020年，在蒙古国进行投资的国家中投资规模排前五的国家是加拿大、中国、荷兰、卢森堡和新加坡。总投资额的70%分布在地质和矿业。2020年蒙古国外国直接投资额达25亿美元，较2019年下降20%。③ 2021年8月17日，蒙古国政府、私营部门和投资者间"疫情防控期间的经济"磋商会上，总理奥云额尔登表示，蒙古国新政府将专门成立5个国家委员会，解决投资

---

① 《蒙古国经济自由度提升40位》，《蒙古消息报》2021年3月11日，第4版。
② 《蒙古国新政府宣誓就职》，《蒙古消息报》2021年2月4日，第1版。
③ 《举办"如何恢复投资者信心"讨论会》，《蒙古消息报》2021年4月29日，第5版。

部门面临的众多问题。并成立电子发展与通信部，为政府宣布的100 个大型项目吸引投资者。①

（三）支持国际贸易促进边境贸易发展

首先，出台相关法律，保障边境口岸贸易的进行。2020 年 4 月 29 日，蒙古国国家大呼拉尔通过的《关于预防、抗击新冠疫情以及减少社会经济损失的法律》中在边境管理方面指出，政府做出决定以确保边境控制、国际运输监管、疫情防控保障安全，向执法和边境控制机构以及地方行政机关下达任务和指示，并确保其实施。政府改善向国际运输工作人员和外国贸易商提供的公共服务和检查，并及时解决融资问题；如有必要，向政府提交与邻国签订特别协议以简化边境管制程序的建议。② 6 月 26 日，国家大呼拉尔增加涉及边境疫情防控内容，主要包括向政府提交改善向国际承运人和外国贸易商提供的公共服务和检查的建议，并及时组织解决融资问题。

其次，蒙古国政府采取相应措施，保障边境安全的同时努力推进口岸贸易。2020 年 3 月 22 日，蒙古国政府通过《关于延长紧急戒备状态》的第 102 号决议，文件明确，在 4 月 30 日前停运所有过境客运，关闭部分季节性临时货运口岸。部分口岸可以进行矿产品

---

① 《投资者支持设立关于振兴疫情后经济的法律》，蒙通社网站，2021 年 8 月 20 日，https：//www.montsame.mn/cn/read/272701，最后访问日期：2022 年 1 月 9 日。

② МОНГОЛ УЛСЫН ХУУЛЬ. КОРОНАВИРУСТ ХАЛДВАР /КОВИД－19/－ЫН ЦАР ТАХЛААС УРЬДЧИЛАН СЭРГИЙЛЭХ，ТЭМЦЭХ，НИЙГЭМ，ЭДИЙН ЗАСАГТ ҮЗҮҮЛЭХ СӨРӨГ НӨЛӨӨЛЛИЙГ БУУРУУЛАХ ТУХАЙ. 2020 оны 04 сарын 29 өдөр. https：//old.legalinfo.mn/law/details/15312.

的出口。2020年11月11日，蒙古国发现本土病例之后，政府颁布第172号决议，决定暂时关闭蒙俄边境的部分货运通道。2021年7月，蒙古国政府通过《关于建立集装箱货运站》的第185号决议，明确在过境点、边境口岸地区建立集装箱转运站，以减少边境疫情蔓延。

2021年12月23日，中蒙两国外交部门在第六次战略对话上，双方就疫情防控期间如何让两国经贸合作往来恢复正常，尤其是提高边境口岸的运行能力、增加通关货物量等问题交换了意见。蒙方向中方提出，希望尽快恢复扎门乌德—二连浩特公路口岸的货物运输活动，使铁路口岸货物通关量恢复到正常水平，恢复非矿产品的出口，恢复西伯库伦—策克、毕其格图—珠恩嘎达布其口岸的运行，增加由嘎顺苏海图—甘其毛都、杭吉—满都拉口岸通关的货运量。中方表示，将会重视蒙方的建议，采取相关措施。[1]

根据蒙古国海关总署统计数据，2021年煤炭出口量因疫情影响有所下降。2021年前11个月，蒙古国共出口1516万吨煤炭，较2020年前11个月的2700万吨煤炭，出口量下降43.85%。但由于煤炭价格的上涨，其收入有所提升，2021年前11个月煤炭收入为26亿美元，而2020年前11个月煤炭收入为20亿美元。[2]

---

① 《蒙中决定共同研究根据疫情形势放宽两国公民旅行限制的可能性》，蒙通社网站，2022年1月6日，https：//www. montsame. mn/cn/read/286071，最后访问日期：2022年1月9日。

② 《煤炭出口下降43.82%》，蒙通社网站，2021年2月20日，https：//www. montsame. mn/cn/read/284298，最后访问日期：2022年1月9日。

三　蒙古国对外经济合作未来走向

到了 21 世纪第二个十年，世界经济全球化不可阻挡，区域经济一体化如火如荼地进行，蒙古国审时度势，根据其国内外环境的变化，在对外经济合作中重视边境贸易的发展，提高出口产品质量，以更好地参与区域合作一体化。

（一）加大对边境口岸贸易的支持力度

2011 年蒙古国在《对外政策构想》中明确，蒙古国的对外合作的重点是中俄两个邻国，其次是美、日等"第三邻国"。在蒙古国的出口贸易中，中国常年处于蒙古国出口市场首位（见表 2）。

表 2　2017~2020 年蒙古国按国家分类的出口情况

单位：万美元，%

国家	2017 年		2018 年		2019 年		2020 年	
	出口额	占比	出口额	占比	出口额	占比	出口额	占比
总共	620120	100	701180	100	761980	100	757630	100
中国	530740	85.6	654280	93.3	678980	89.1	549360	72.5
美国	66050	10.7	17290	2.5	29110	3.8	1080	0.1
新加坡	2610	0.4	3000	0.4	15460	2.1	15130	2.0
俄罗斯	6770	1.1	8590	1.2	6810	0.9	5730	0.8
其他	13950	2.2	18020	2.6	31620	4.1	186330	24.6

资料来源：蒙古国国家统计局发布的《蒙古国统计年鉴 2020》。

蒙古国的进口贸易中，从中俄两个邻国进口最多，并且从美国、日本、韩国等"第三邻国"进口相应产品（见表 3）。

表3 2017~2020年蒙古国按国家分类的进口情况

单位：万美元，%

国家	2017年		2018年		2019年		2020年	
	进口额	占比	进口额	占比	进口额	占比	进口额	占比
总共	433740	100.1	587480	100	612760	100	529890	99.9
中国	142970	33.0	199480	34.0	206080	33.6	191030	36.1
俄罗斯	121730	28.1	171030	29.1	172990	28.2	140000	26.4
日本	36320	8.4	56100	9.5	58550	9.6	40670	7.5
美国	20840	4.8	21150	3.6	28960	4.7	24540	4.6
韩国	19770	4.6	26240	4.5	26700	4.4	23580	4.5
其他	92110	21.2	113480	19.3	119480	19.5	110070	20.8

资料来源：蒙古国国家统计局发布的《蒙古国统计年鉴2020》。

通过对蒙古国的进口贸易数据分析可以发现，蒙古国与邻国进行的贸易在对外贸易中占比相对较高，这在蒙古国对外经济中起着很重要的作用。蒙古国也在未来发展规划中，重视边境贸易，推动经济自由区的发展。根据蒙古国政府第223号决议，扎门乌德经济自由区2021年8月14日正式运行。蒙古国政府在2004年决定在扎门乌德建立经济自由区，17年后，该经济自由区得以常态化运行，并表示日后将重点发展运输和物流、旅游和商业等。据预计，2022~2036年GDP将增长10%，出口产品总额有望增加3倍。① 蒙俄"阿拉坦布拉格"自由经济区已步入正轨，进出口贸易连年稳定增长。据统计，2015~2019年，蒙古国从"阿拉坦布拉格"自由经济区进口和出售的商品总额保持增

---

① 《扎门乌德经济自由区开放运行》，蒙通社网站，2021年8月19日，https：//www. montsame. mn/cn/read/272542，最后访问日期：2022年1月9日。

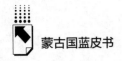

长。到 2020 年，受到新冠疫情的影响，蒙俄之间通过"阿拉坦布拉格"自由经济区的进口和出售商品总额受到影响，呈现下降的趋势。

（二）提高出口产品质量实现出口多元化

蒙古国 2020 年进出口贸易总额为 128.75 亿美元，其中出口贸易额为 75.76 亿美元。[①] 在蒙古国出口的产品中，以矿产、动物制品以及原材料为主，面对这种出口产品种类单一的情况，蒙古国提出提高出口产品质量，蒙古国在国内生产中引入国际标准，实现出口产品多元化。2011 年蒙古国在《对外政策构想》中明确，要在经济部门引入先进的技术和管理理念，使产品的质量更接近国际标准，提高出口竞争力。2019 年 6 月 21 日，"2019 年欧洲贸易日"在蒙古国举行，旨在扩大蒙古国与欧盟之间的经贸合作。蒙古国每年可向欧洲市场出口 6200 种免税产品。蒙古国在 2018 年 130 亿美元的外贸交易中，从欧盟市场获得的收益仅仅达到 1 亿美元。蒙古国提高产品的质量和标准，生产出符合欧盟标准的产品。欧盟正在实施支持蒙古国非矿产品业出口的"TRAM"项目，通过这一项目创建了开发沙棘、化妆品、牦牛毛和驼绒产品的群组。2021 年 11 月，蒙古国坚果首次出口到欧洲市场，蒙古国的努仕罕（Hushkhan）品牌使用了符合 HACCP 和 ISO9001 等国际食品标准。诺尔德·路德（Nord Road）公司的努仕罕品牌首次把蒙古国的松子仁出口到欧洲市场。目前该公司将其产品出口到 5 个国家，而且

---

① 数据来自蒙古国国家统计局发布的《蒙古国统计年鉴 2020》。

是不经过中国直接出口到欧洲国家。2021 年该公司向德国出口 20 吨坚果，向意大利出口 42 吨坚果。①

（三）注重参与区域合作一体化

蒙古国在《对外政策构想》中日渐重视参与国际区域合作，从政策上逐渐重视参与区域合作。1994 年《外交政策构想》中明确开展经济外交，并在政策的根本目标中指出，最佳利用外部因素，根据可持续发展的概念，充分实现长期和当前的经济目标，并最终确保其经济在区域经济一体化中占有适当的地位。2015 年，《蒙古国对外经济关系计划》（Монгол Улсын эдийн засгийн гадаад харилцан хөтөлбөр）提出，增加进入国外市场的机会并开拓新市场，支持国家企业的出口导向型业务活动，缔结自由贸易和经济伙伴关系协定，加入区域经济一体化，出口"蒙古国牌"产品，支持有竞争力的产品的出口。② 2016 年《可持续发展构想 - 2030》（Монгол Улсын тогтвортой хөгжлийн үзэл баримтлал - 2030）中提出，加强与国际经济组织合作，签署有关经济合作和自由贸易的协议，实施重大区域计划。2020 年蒙古国《远景 - 2050》中提出，蒙古国到 2050 年，逐渐实现"亚洲之蒙古国"，积极参与亚太地区经贸一体化，积极参加区域经济合作。

蒙古国总统明确，要在未来工作中，继续重视对外经济合作，

---

① Nord Road：《蒙古国坚果首次出口到欧洲市场》蒙通社网站，2021 年 11 月 8 日，https：//www. montsame. mn/cn/read/280057，最后访问日期：2022 年 1 月 9 日。

② Монгол Улсын засгийн газрын тогтол：《Монгол Улсын эдийн засгийн гадаад харилцан хөтөлбөр》. Засгийн газрын 2015 оны 474 дүгээр тогтолын 1 дүгээр хавсралт. Хоёрдугаар хэсэг 3дугаар зүйл. 2015он.

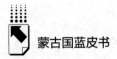

积极参与区域一体化。2021 年 9 月，在第六届东方经济论坛上蒙古国总统乌·呼日勒苏赫表示，蒙古国一贯支持俄罗斯"大欧亚伙伴关系"和中国"一带一路"倡议，并将继续密切合作，特别是在恢复本地区基础设施、绿色增长和改善环境的项目和计划方面。在"中蒙俄经济走廊"方面，蒙古国总统表示，在该计划框架内，蒙古国正在实施铁路和公路计划，建设中俄间的天然气管道，并与周边国家进行重大项目合作。在当前中国和俄罗斯、亚洲和欧洲间贸易周转量不断增加的背景下，蒙古国将利用地理位置来建立贸易、运输物流网，这对参与区域合作将产生积极影响。①

---

① 《蒙古国总统乌·呼日勒苏赫在东方经济论坛全体会议上发表讲话》，蒙通社网站，2021 年 9 月 9 日，https：//www.montsame.mn/cn/read/274610，最后访问日期：2021 年 1 月 9 日。

B.8

"一带一路"建设下中国对蒙古国的援助

王启颖　李　超*

摘　要:　蒙古国作为共建"一带一路"的重要参与国以及中国北方邻国，是中国对外援助的主要对象国之一。在"一带一路"国际合作框架内，中国通过成套项目建设、一般性物资援助、开展技术合作、人力资源开发、派遣医疗队以及提供紧急人道主义援助等方式向蒙古国进行援助，在推动蒙古国基础设施建设发展、提升教学设施和医疗卫生条件、促进人力资源开发和培养以及支持蒙古国抗击新冠疫情等方面取得了显著成效，增进了中蒙之间的相互了解与友谊。

关键词:　"一带一路"倡议　中国　蒙古国　对外援助

　　"一带一路"倡议是中国参与全球开放合作、改善全球经济治理体系、促进全球共同发展繁荣、推动构建人类命运共同体的中国方案①，对外援助是推动"一带一路"倡议实施的重要途径和有效措

---

　*　王启颖，内蒙古自治区社会科学院内蒙古"一带一路"研究所副研究员；李超，内蒙古自治区社会科学院内蒙古"一带一路"研究所助理研究员。

　①　《习近平出席推进"一带一路"建设工作5周年座谈会并发表重要讲话》，中华人民共和国中央人民政府网，2018年8月27日，http://www.gov.cn/xinwen/2018-08/27/content_5316913.htm，最后访问日期：2022年7月29日。

施。周边是中国安身立命之所，发展繁荣之基，是中国推进人类命运共同体建设的优先方向。2013 年，习近平主席在周边外交工作座谈会上明确提出"坚持正确义利观，有原则、讲情谊、讲道义，多向发展中国家提供力所能及的帮助"①。蒙古国作为共建"一带一路"重要参与国以及中国北方邻国，是中国对外援助的主要对象国之一。

一　中国对蒙古国的援助形式

截至2022 年，国务院发布了 3 版中国对外援助白皮书，分别是《中国的对外援助（2011）》、《中国的对外援助（2014）》和 2021 年发布的《新时代的中国国际发展合作》。根据中国政府的划分标准，中国对外援助方式主要包括援建成套项目、提供一般物资、开展技术合作和人力资源开发合作、派遣援外医疗队和志愿者、提供紧急人道主义援助以及减免受援国债务等。② 中国对外援助资金主要有 3 种类型：无偿援助、无息贷款和优惠贷款。其中，无偿援助和无息贷款资金在国家财政项下支出，优惠贷款由中国政府指定中国进出口银行对外提供。③ "一带一路"倡议实施以来中国对蒙古国援助也以这些方式为主。

---

① 《习近平在周边外交工作座谈会上发表重要讲话》，新华网，2013 年 10 月 25 日，http：//www.xinhuanet.com/politics/2013－10/25/c＿117878897.htm，最后访问日期：2022 年 7 月 28 日。
② 《中国对外援助 2014》，中华人民共和国中央人民政府网，2014 年 7 月 10 日，http：//www.gov.cn/zhengce/2014－07/10/content_2715467.htm，最后访问日期：2022 年 8 月 3 日。
③ 《中国对外援助 2011》，中华人民共和国中央人民政府网，2011 年 4 月 21 日，http：//www.gov.cn/zwgk/2011－04/21/content_1850553.htm，最后访问日期：2022 年 8 月 3 日。

中国从 1956 年就开始向蒙古国提供经济技术援助，此后一直不间断地对蒙古国进行政府援助并加大投资合作力度。随着中国经济的快速发展，中蒙贸易也取得了极大进展，中国从 1999 年开始，始终保持着蒙古国第一大贸易伙伴的地位。2021 年 1~12 月，中蒙贸易额达 91.2 亿美元，同比增长 35.3%，其中：中国对蒙出口 22.3 亿美元，同比增长 38.1%；自蒙进口 68.9 亿美元，同比增长 34.4%。① 中国政府对蒙古国的援助一直是中蒙关系发展的重要组成部分，中国通过援助方式为蒙古国经济社会发展提供助力，成为中蒙关系发展的助推器。2014 年 8 月，习近平主席访蒙期间，提出进一步扩大中国对蒙古国无偿援助规模。随着"一带一路"倡议的实施，中国除继续援助蒙古国基础设施建设外，也加大了对蒙古国民生领域的援助力度，包括援建蒙古国学校和幼儿园、援建残疾儿童发展中心以及蒙古国街道改造等项目，为蒙古国人民创造更大福祉。②

二 "一带一路"国际合作实施以来中国对蒙古国的主要援助领域及成效

（一）推动基础设施建设发展

2013~2018 年，中国对外援助共建设成套项目 423 个，重点集

① 《2021 年 1—12 月中国与亚洲国家（地区）贸易统计》，中华人民共和国商务部网站，2022 年 3 月 15 日，http://yzs.mofcom.gov.cn/article/date/202203/20220303285584.shtml，最后访问日期：2022 年 6 月 23 日。
② 《2015 年中蒙经贸合作十大新闻》，中华人民共和国驻蒙古国大使馆经济商务处网站，2015 年 12 月 22 日，http://mn.mofcom.gov.cn/article/jmxw/201512/20151201216228.shtml，最后访问日期：2022 年 1 月 23 日。

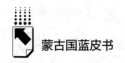

中于基础设施、农业等领域。① 中国对蒙古国援助中，占比最高的是基础设施建设，主要援助方式为无偿援助和优惠贷款。

2014 年中国无偿援助 590 万元人民币用于蒙古国北京街改扩建工程，并于当年竣工。2017 年以来，在中方优惠出口买方信贷资金支持下，中国援建了蒙古国乌兰巴托市雅玛格立交桥、乌兰巴托交警局附近上跨立交桥等多座市政桥梁，这些桥梁地处乌兰巴托市要冲，建成后极大改善了乌兰巴托的交通状况；中国还援建了多条蒙古国西部省际公路，包括巴彦洪格尔省 129.4 千米公路、扎布汗省 114 千米和 67 千米公路等，极大地改善了当地交通状况；中蒙还合作建设了乌兰巴托至曼德勒戈壁输变电项目，该输电线是蒙古国首条 330 千伏跨区域高压输变电线路，总长约 250 千米，这一输电线路可以联通乌兰巴托至蒙古国南部戈壁矿区电力供应线路，有效推动蒙古国南部的经济社会发展。

随着"一带一路"倡议和蒙古国"发展之路"战略深入对接，一批合作项目得到了落实。2019 年 3 月，中国援助蒙古国额尔登特电厂改造项目开工，项目内容包括向蒙方提供电厂改造的相关设备，对主要及辅助设备进行操作试验，并对操作人员进行培训等。项目改造完成后，可以有效满足额尔登特市及周边区域的生产生活需求。2019 年 9 月，援蒙古国扎门乌德和嘎顺苏海图口岸项目开工，该项目对中蒙边境蒙方一侧扎门乌德口岸、嘎顺苏海图口岸进行升级改造，有利于提升蒙古国口岸建设水平和通关能力，对提高

---

① 《新时代的中国国际发展合作》（白皮书），中华人民共和国国务院新闻办公室网站，2021 年 1 月 10 日，http://www.scio.gov.cn/zfbps/32832/Document/1696685/1696685.htm，最后访问日期：2022 年 7 月 26 日。

双边贸易投资便利化水平、增强区域经济竞争能力具有重要意义。

"一带一路"国际合作实施以来，在中方无偿援助和优惠贷款的支持下，先后有高速公路、省际公路、立交桥、输变电线路、农机装备等多个高标准、现代化的设施移交蒙方使用，这些重大合作项目体现出两国务实合作的高水平，是"一带一路"倡议同蒙古国"发展之路"战略对接的重要成果，也用实际行动践行了中国"亲诚惠容"的周边外交理念，这些项目的建成将有力推动蒙古国在民生、交通、农业、口岸、能源等领域的发展。

（二）改善教学设施，提高教育水平

中国通过援建学校、提供教学设备、培养师资力量、增加来华留学政府奖学金名额等方式对蒙古国教育领域进行援助。2014 年习近平主席访问蒙古国，提出此后 5 年内，"中方将向蒙方提供 1000 个培训名额，增加提供 1000 个中国政府全额奖学金名额，为蒙军培训 500 名留学生，邀请 500 名蒙方青年访华，邀请 250 名蒙方记者访华，并向蒙方免费提供 25 部中国优秀影视剧译作"①。此外，作为 2014 年 8 月习近平主席访蒙重要成果的具体落实，中国政府无偿援助蒙古国建设了位于乌兰巴托市的 7 所学校和位于后杭爱省的 1 所幼儿园，项目建成后极大改善了蒙古国当地的教学环境。中国还无偿援助了蒙古国学校物理实验室设备，这批物理实验室设备被分配到蒙古国 200 余所学校，改善了蒙古国的教学设施，

① 《习近平在蒙古国国家大呼拉尔的演讲》，中华人民共和国中央人民政府网，2014 年 8 月 22 日，http：//www.gov.cn/xinwen/2014－08/22/content_2738562.htm，最后访问日期：2022 年 7 月 30 日。

有助于提升蒙古国物理教学水平。2017年在中国援外资金的支持下，蒙古国有近900人来中国参加短期培训和学历学位教育。①

（三）改善医疗卫生条件

医疗卫生领域是中国对蒙援助的重点领域之一，"一带一路"倡议实施以来，中国通过援建医院、提供药品和医疗设备、派遣医疗队等方式，帮助蒙古国提高疾病预防和救治水平、改善医疗卫生条件。2019年中国援助蒙古国残疾儿童发展中心交付蒙古国并投入使用，该项目是中国政府近年来对蒙古国民生领域援助的最大民生工程，项目建成后是蒙古国面积最大、设施最全、最现代化的儿童康复医院，提升了蒙古国残疾儿童健康水平，促进了蒙古国社会保障事业的发展。

中国还在"一带一路"倡议框架内实施了其他惠及蒙古国民众的项目，使更多蒙古国民众感受和享受到中蒙关系发展的实际利益。2017年由中国红十字会和内蒙古自治区红十字会发起的"天使之旅——'一带一路'大病患儿人道救助计划"之蒙古国行动，已经免费救治了100名蒙古国先心病患儿；2019年6月，作为中蒙两国建交70周年纪念活动之一的"一带一路·光明行"在乌兰巴托正式启动，中蒙两国红十字会负责人签署了《"一带一路·光明行"白内障患者人道救助计划蒙古国行动合作协议》，按照协议约定，此后5年内，中国内蒙古自治区红十字会和中国红十字基金会

---

① 《驻蒙古使馆评出2017年中蒙经贸合作十大新闻》，中华人民共和国驻蒙古国大使馆经济商务处网站，2018年1月18日，http：//mn.mofcom.gov.cn/article/jmxw/201801/20180102693599.shtml，最后访问日期：2022年6月9日。

将为蒙古国白内障患者实施 1000 例免费复明手术。2017 年内蒙古自治区人民政府外事办公室、内蒙古国际蒙医医院联合组织了"蒙古国健康行"大型义诊活动，前后 8 天时间里，内蒙古国际蒙医医院 15 位专家为蒙古国 4042 名患者提供了医疗援助（其中包括 32 名重症患者），还邀请 22 名白内障患者到内蒙古国际蒙医医院免费进行手术治疗，并赠送了一批当地患者急需的药品。

（四）加强技术合作，促进人力资源开发和培养

"授人以鱼不如授人以渔"，中国除对蒙古国进行项目、物资援助外，还积极加强与蒙古国技术合作，进行技术援助。2018 年 4 月，中蒙两国签署了中国援蒙戈壁熊保护技术项目实施协议，戈壁熊数量稀少，目前仅有少量生存于蒙古国戈壁地区，该项目由中国提供无偿资金援助，是中国政府首个野生动物保护技术援外项目。项目具体内容包括栖息地生态环境质量评价研究、栖息地食用植物种群动态研究、栖息地生物多样性监测、戈壁熊种群数量研究、培训保护区技术和管理人员、提供保护区专用设备、提供野外补食等内容。

中国还通过开展人才培训与培养，促进蒙古国人力资源发展。对蒙古国进行法官培训是中国与蒙古国开展的人才合作项目之一，该项目始于 2007 年，2009 年正式纳入双方最高法院合作项目中，2016 年正式列入中国国家援外培训计划国际司法合作项目中。受新冠疫情的影响，2021 年 9 月第十一期蒙古国法官研修班以线上视频方式开班，这次培训班是由中国国家法官学院和蒙古国司法总委员会共同举办。通过举办蒙古国法官培训班，可以加深两国司法

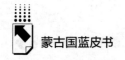

界的相互了解，也使蒙古国法官能够充分了解中国国情、了解中国的司法制度、司法改革和法院信息化建设。除法官培训班外，2021年11月，由中国商务部主办、中国地质调查局发展研究中心承办的"蒙古国地质矿产与勘探技术研修班"和内蒙古农业大学承办的"蒙古国动物繁殖及配种技术培训班"以线上形式相继开班，成为疫情常态化背景下两国开展人才培养合作的有益探索。

（五）新冠疫情暴发以来中国对蒙古国的抗疫援助

新冠疫情暴发以来，在全球范围内造成了严重冲击，中国通过医疗援外、物资援外等重要外交手段，对全球抗疫积极贡献中国力量。

蒙古国与中国边境线长4700多千米，是中国"周边抗疫防疫安全带"的重要一环，自2020年蒙古国发生大规模新冠疫情以来，中国及时给予蒙古国大量物资和疫苗援助，体现了中国的大国担当。为防控疫情，中蒙两国信息共享、相互支持，共同构建中蒙卫生健康共同体，成为邻国合作抗疫的典范。自2020年以来，中国政府先后向蒙古国援助了4批医疗物资，包括口罩、防护服、呼吸机等，为蒙古国抗疫提供了重要支持。前两批抗疫物资分别于2020年3月和2020年5月运抵蒙古国，这两批物资合计金额337万元人民币，共包括13032份核酸检测试剂、49.5万只医用外科口罩、5000只N95医用防护口罩、1000件医用一次性防护服；第三批抗疫物资10万只N95口罩于2020年9月运抵蒙古国；2021年5月中国政府又向蒙古国援助了第四批抗疫物资。此外，中蒙边界联合委员会、中国地方政府、中国红十字会以及一些中国企业也向蒙古国捐赠了防疫物资。除物资援助外，中国政府还对蒙古国进行了疫苗援助。2021 年 2 月，蒙古国疫情反弹，中国在全球疫苗供应紧缺的情况下，向蒙古国紧急援助 30 万剂国产新冠疫苗，为蒙古国重点人群疫苗接种工作提供有力支持，同时中国也是向蒙古国提供新冠疫苗数量最多的国家。截止到 2021 年 8 月，"蒙古国共计收到 550 万剂来自外国和国际组织的新冠疫苗，其中中国疫苗 430 万剂，占疫苗总量近 80%"①，为蒙古国顺利实施疫苗接种计划提供了有力保障。中国政府对蒙古国的抗疫支持，体现了中蒙两国的睦邻友好关系，受到蒙古国政府和社会各界的广泛好评。

三　推动中国对蒙古国援助工作的对策建议

（一）加强对蒙古国重视，对蒙古国援助做整体系统性的规划

蒙古国作为与中国陆路边境线最长的邻国，对中国国家安全具有重要影响，其位于中俄之间的特殊地缘战略位置，使得美国、日本、欧盟等也积极发展同蒙古国的关系，对蒙古国开展大量经济援助。基于国家安全的考虑，未来中国应在"一带一路"国际合作框架下，加强与蒙古国"发展之路"、"新复兴政策"、《远景-2050》等国家发展战略的对接，同时结合联合国《2030 年可持续发展议程》的目标，在新时代中国国际发展合作整体框架下，形

---

① 《习主席提到中蒙"更好的明天"，如今正这样实现》，海外网百家号，2021 年 8 月 21 日，https：//baijiahao.baidu.com/s？id＝1708646009773897297&wfr＝spider&for＝pc，最后访问日期：2022 年 7 月 5 日。

成对蒙古国援助的系统性规划与目标，增强蒙古国发展能力，克服新冠疫情对蒙古国经济社会发展的负面影响，加快落实联合国《2030 年可持续发展议程》，实现共同繁荣。

（二）开展"小而美"的援助项目，加大对民心工程的援助力度

民心相通是"一带一路"建设的"五通"之一，习近平主席在第三次"一带一路"建设座谈会上指出："民生工程是快速提升共建国家民众获得感的重要途径，要加强统筹谋划，形成更多接地气、聚人心的合作成果。"① 一直以来中国对蒙古国援助以基础设施建设为主，在蒙古国援建了一大批楼堂馆所等标志性建筑，在扩大中国影响力方面发挥了重要作用，但在提升蒙古国民众好感度方面并未取得显著成效。当前在构建人类命运共同体理念指引下，中国应向蒙古国开展"小而美、见效快、惠民生"的援助项目，注重"授人以渔"。蒙古国在《远景-2050》中就强调，蒙古国发展理念的核心是以人为本，提出了在卫生和教育质量、住房、收入水平、周围环境、工作岗位、生活质量、满意度和社会保障方面推动人类发展指数目标的实现。未来中国对蒙古国的援助项目和资金要多向改善医疗卫生条件、人力资源开发、文化教育、改善就业等方面倾斜，并结合蒙古国的具体合作诉求，形成更多接地气、聚人心的品牌项目。一方面，这些议题与构建人类命运共同体理念以及联

① 《习近平出席第三次"一带一路"建设座谈会并发表重要讲话》，中华人民共和国中央人民政府网，2021 年 11 月 19 日，http://www.gov.cn/xinwen/2021-11/19/content_5652067.htm，最后访问日期：2022 年 7 月 14 日。

合国可持续发展目标相一致，注重人的发展和人民生活水平的提高；另一方面也可以使援助项目能够更加精准地服务蒙古国民生，推动疫情影响下蒙古国经济社会的恢复发展。

（三）加强对蒙古国绿色发展领域的援助与合作

在第三次"一带一路"建设座谈会上，习近平主席强调"要支持发展中国家能源绿色低碳发展，推进绿色低碳发展信息共享和能力建设，深化生态环境和气候治理合作"。[①] 2021年11月在《联合国气候变化框架公约》第26次缔约方大会期间，蒙古国承诺到2030年将温室气体排放量减少22.7%。在蒙古国近年出台的国家发展规划和发展政策中也将绿色发展涵盖其中。如，在2020审议通过的蒙古国长期发展规划纲要性文件《远景-2050》中提出，以造福后代为目的，将领土总面积的35%、河流的75%和森林的60%纳入国家保护区，以保护自然环境、适当使用和恢复自然环境。蒙古国还在全国发起了"十亿棵树"计划，即到2030年时蒙古国至少栽种10亿棵树。2021年12月，在蒙古人民党第30次代表大会上，蒙古国总理提出了蒙古国长期发展计划——新复兴政策，其中就包括"绿色发展复兴"，其主要内容为："通过税收和法律改革支持'十亿棵树'计划，并在对地方领导和项目负责人的工作评估中加入栽树、保护自然环境的内容。此外，还将开展草场灌溉、为戈壁地区供水、中水回用、建设湖泊和池塘以及恢复干

---

① 《习近平出席第三次"一带一路"建设座谈会并发表重要讲话》，中华人民共和国中央人民政府网，2021年11月19日，http：//www.gov.cn/xinwen/2021-11/19/content_5652067.htm，最后访问日期：2022年7月14日。

润的河流、溪流、泉水工作。需要重视在乌兰巴托市以及地方建设环保先进的垃圾回收厂。"[1]

由此可见，中蒙两国开展生态环保、绿色发展的援助与合作，不仅符合中国"绿水青山就是金山银山"的发展理念，也符合蒙古国"人与自然和谐共生"的价值观，同时还与两国发展战略相契合，中国可以在新能源开发利用、环境保护和应对气候变化等领域，与蒙古国分享绿色发展经验，同时在野生动物保护、防治荒漠化、生态修复等方面提供项目和资金援助，共建清洁美好的世界。

（四）加大对蒙古国援助的宣传力度

"国之交在于民相亲，民相亲在于心相通"，民心相通是"一带一路"建设的重要目标之一，对外援助在推动国家间"民心相通"方面发挥着不可替代的作用。2021年中国国家国际发展合作署、外交部、商务部联合发布的《对外援助管理办法》中明确提出对外援助致力于"促进高质量共建'一带一路'，推动构建新型国际关系，推动构建人类命运共同体"。[2] 当前中国对蒙古国的援助以成套项目为主，"在成套项目中，主要是基础设施建设，中国很多项目是交钥匙工程，受工期限制，在施工中多使用具有成熟技术的中国员工，集中宣传报道只在完工交接的前后几天，受援国民众对新建基础设施的必要性、重要性、长远性了解甚少，民心相通

---

[1] 《蒙古国长期发展计划——新复兴政策》，蒙通社网站，2022年1月13日，https：//www.montsame.mn/en/read/286722，最后访问日期：2022年7月29日。
[2] 国家国际发展合作署、外交部、商务部：《对外援助管理办法》，第一章第四条，中华人民共和国中央人民政府网，2021年8月27日，http：//www.gov.cn/gongbao/content/2021/content_5651734.htm，最后访问日期：2022年6月12日。

的作用有限"。①

综上所述，中国要加大对蒙援助的宣传力度。一要加大对技术援助和人力资源开发培养的投入力度，在这类项目中，两国人民可以有较长时间的接触，能够进行深入了解，而且技术和知识使用周期长，可以有效促进两国民心相通。二要优化传播路径，加强国际传播能力建设，同时，综合运用大众传媒、群体传播、人际传播等多种方式，让蒙古国政府、社区、民众知道中国开展的援助项目，让中国的援助被更多蒙古国民众看见和听见。三要加强与区域性机构及国际组织，如亚洲开发银行、联合国、国际红十字会等的对蒙援助合作，同时借助这些平台传播关于中国对外援助以及国际发展合作的理念，提升中国在对外援助和全球发展领域的话语权和影响力。

---

① 王月：《论"一带一路"建设中的民心相通与中国对外援助政策选择》，《青海社会科学》2020年第1期，第45页。

B.9

奥尤陶勒盖铜金矿项目进展及对蒙古国矿业经济的影响、发展趋势

胡格吉勒图*

摘 要： 蒙古国矿产资源丰富，每一次大矿开发对其经济影响巨大。奥尤陶勒盖铜金矿是世界级大矿，其开发运营商与蒙古国政府之间的利益纠纷持续了十年，到 2021 年底才有了双方能够接受的结果，利益纠纷的解决给蒙古国不太景气的外国直接投资提供了信心。

关键词： 奥尤陶勒盖 矿业经济 蒙古国

奥尤陶勒盖（Oyu Tolgoi，OT）铜金矿属于斑岩铜金矿，其中心位置位于东经 106°51′、北纬 43°附近，处于蒙古国南戈壁省汗博格达县境内、距离中蒙边界约 80 千米。OT 探矿证最早由澳大利亚必和必拓公司（Broken Hill Proprietary Billiton Ltd.，BHP）持有，勘探工作始于 1996 年，后因 BHP 全球勘探经费严重超支，2000 年 5 月转让给加拿大艾芬豪矿业（Ivanhoe Mines）后，在 2001 年探

---

* 胡格吉勒图，内蒙古大学蒙古国研究中心研究员。

明矿石储量为 33.8 亿吨，其中铜储量为 3110 万吨、黄金储量为 1328 吨、白银储量为 7.601 吨，是一处铜储量进入世界前五的巨大型铜金矿床。①

在 OT 矿被发现之后，世界矿业巨头纷纷涌向这里，经过激烈角逐加拿大艾芬豪矿业、澳大利亚力拓集团（Rio Tinto Group）胜出，于 2009 年与蒙古国政府达成三方协定，艾芬豪、力拓拥有 66% 的股份，蒙古国政府拥有 34% 的股份②，其经营主体为 OT 股份有限公司，2012 年力拓与艾芬豪达成协议，成立力拓控股（占 50.8%）的绿松石山资源公司（Turquoise Hill Resources），行使 OT 公司中的 66% 股权，从而力拓获得了 OT 项目的运营权，而蒙古国珍宝 OT 公司则代表蒙古国政府行使 34% 的股权。OT 项目包括一期露天开发和二期深井开发，一期项目始于 2011 年，于 2013 年初投产，目前年产铜精粉 17.5 万~20 万吨。

2015 年力拓与蒙古国政府达成二期开发融资协定，在此框架下 OT 公司与一个由 20 家国际金融机构组成的财团（其中包括代表加拿大、美国和澳大利亚政府的机构）签订了一项 44 亿美元的项目信贷融资协定，还同意提供总债务规模为 60 亿美元的贷款，这是世界采矿业有史以来最大规模的融资安排。OT 矿 80% 的储量蕴藏在更深

---

① OT 矿简介，参见 https：//www.ot.mn/%D0%BE%D1%8E%D1%83-%D1%82 D0%BE%D0%BB%D0%B3%D0%BE%D0%B9%D0%BD-%D1%82%D0%BE% D0%B9%D0%BC-%D0%BC%D1%8D%D0%B4%D1%8D%D1%8D，最后访问日期：2022 年 11 月 20 日。

② 蒙古国 2006 年通过的《矿产法》，引入战略矿和国有股概念，规定战略矿的勘探费用如果是由国家财政出资则国家可以持有最高 50% 股份，如果由私人企业出资则国家最高可以持有 34% 股份。据此，蒙古国政府在 OT 战略矿中持有了 34% 的股份。

的地下矿床之中，其中铜矿品质比在露天开采发现的铜品质高出很多。但因力拓与蒙古国政府之间的纠纷，二期投产一再推迟，根据双方签定的协议，OT 项目二期在 2023 年上半年投产，届时年产铜精粉达 50 万吨，OT 公司将成为世界第三大铜生产商。①

一　力拓与蒙古国政府的纠纷

对力拓而言，OT 项目是其推进投资组合从铁矿石向多元化发展的核心项目，因此力拓非常重视与蒙方的合作和在蒙古国的业务，在首都乌兰巴托设立联络处，负责处理与蒙古国政府、各个合作伙伴的业务。力拓首席执行官让-塞巴斯蒂安·雅克（Jean-Sebastien Jacques）表示："蒙古国是力拓具有重要战略意义的市场之一，从长远来看，我们将继续这样做。2010~2017 年，我们通过薪水、采购、工程服务、地方捐助等形式在蒙古国累计投资超过 70 亿美元，以资源税、许可证使用费和其他税费形式向蒙古国政府累计缴纳了 15 亿美元。"② 另外，力拓还成立南戈壁发展基金和社区项目，履行了其社会责任。

疫情暴发后，力拓与联合国人口基金共同实施"增加诊断和远程护理的可及性"项目，向蒙古国提供 17 亿图格里克赠款，在蒙古国建立了 4 个 PCR 实验室（2 个在乌兰巴托，1 个在南戈壁

---

① 艾芬豪矿业公司简介，见 http://gn.mofcom.gov.cn/article/ddgk/202001/20200102928315.shtml，最后访问日期：2022 年 12 月 10 日。

② 〔蒙〕孟和图希格：《力拓在蒙古的业务遵循互利共赢原则》，蒙通社网站，https://www.montsame.mn/mn/read/78760，最后访问日期：2022 年 11 月 1 日。

省，1 个在东戈壁省）。①

而在蒙古国看来，在这一世界级项目的外资引进中，在关乎蒙古国命运的聚宝盆的开发中，在与世界巨头力拓的博弈中，蒙古国一开始便处于劣势，加之时任领导的中饱私囊，力拓在协议条款的设置、项目实施中占尽便宜、敷衍了事，没有很好地履行社会责任，使蒙古国蒙在鼓里，吃了太多亏，这种情况必须加以改变。实际上，因为矿山开发的投资、利润、环境风险巨大的特点，在力拓、BHP 等矿业巨头的世界各地的投资中，投资方与当事国政府、地方政府、社区之间的矛盾纠纷屡见不鲜。

由于巨大的利益分歧，2011 年 OT 项目启动以来，蒙古国政府与力拓之间的纠纷从未间断。当 2013 年初 OT 项目一期刚刚投产之际，蒙古国政府就税收缴纳、成本增加、利润分成方面与对方发生纠纷，其不断推迟铜精粉出口计划，到 7 月初市场铜价显著下跌才不得已批准出口，双方均遭受了较大损失。②

2015 年 5 月，双方签署二期开发项目融资协定，消息一出便引起争议。2016 年蒙古人民党上台执政后，国家大呼拉尔、政府或联合或各自成立工作组介入调查。额尔登巴特政府时期成立的工作组，就税收、法律法规、融资情况展开调查。呼日勒苏赫政府时

---

① 《联合国人口基金与力拓在蒙古建立四个 PCR 实验室》，蒙通社网站，2021 年 1 月 11 日，https://www.montsame.mn/mn/read/250289，最后访问日期：2022 年 12 月 10 日。

② 梅新育：《域外"非理性资源民粹主义"注定碰壁》，和讯网，2013 年 8 月 12 日，http://news.hexun.com/2013-08-12/157010092.html，最后访问日期：2018 年 8 月 18 日。

期成立的工作组，就降低贷款利息、融资利息①、电力供应、南戈壁区域发展问题进行谈判，并在具体项目实施方面多有反复。②

与此同时，蒙古国反贪局从 2017 年开始调查与 OT 项目有关的腐败案件，向瑞士最高检察院提起有关洗钱和秘密账户的协助调查请求。蒙古国反贪局于 2019 年 11 月宣布，有关涉嫌 OT 项目腐败案侦查取证工作已经结束，把与此案有关的两名前任总理、一名部长的材料移交检察机关。③

2018 年 1 月，蒙古国矿业与重工业部副部长召开新闻发布会表示，忍耐是有限度的，力拓没有兑现建发电厂、专用公路、使汗博格达县所在地变成城镇的承诺，当时被誉为有利可图的二期协议，实际上无利可图，铜价从 4400 美元涨到 7200 美元。从具体凭证看，他们筹集到了 50 亿~60 亿美元，而只有 10 亿美元流向了蒙古国。今天，蒙古国的债务不断增加，失业率和贫困率不断上升。④

在强大的社会舆情压力下，2019 年 11 月蒙古国国家大呼拉尔

---

① 按股份制合同，每 7 年重新谈判利息问题。

② 孟和巴特尔：《如果政府不中止与力拓的税收纠纷则有可能通过国际仲裁法庭》，蒙通社网站，2018 年 5 月 10 日，https：//www. montsame. mn/mn/read/89422，最后访问日期：2022 年 12 月 20 日。

③ T. 巴雅尔夫：《把与 OT 合同相关的案件移送至检察官》，蒙通社网站，2019 年 11 月 11 日，https：//www. montsame. mn/mn/read/206543，最后访问日期：2022 年 12 月 10 日。

④ 查格德扎布：《要求力拓对蒙古经济做出有分量的贡献》，蒙通社网站，2018 年 1 月 15 日，https：//www. montsame. mn/mn/read/77940，最后访问日期：2022 年 12 月 9 日。

做出保护蒙古国权益、优化 OT 项目投资协定的决议，敦促政府执行。①

一波未平一波又起，2020 年 6 月，力拓宣布 OT 项目二期投资新增 14.5 亿美元、投产期延迟 22 个月，其主要原因为不可抗拒的地质技术性问题以及外加疫情因素。② 该消息在蒙古国引起轩然大波，奥云额尔登政府于 2021 年 2 月 9 日重新组建工作组，工作组组长为司法内政部部长尼玛巴特尔，成员包括部分议员、在议会有席位的政党议员、总统办公厅以及相关部委领导。工作组的谈判内容指定为：优化修改 2009 年的投资合同、2011 年的股份合同、2015 年二期的融资协定，妥善解决税收纠纷，保障蒙古国的整体利益，等等。

对此，工作组副组长、政府办公厅副厅长索龙嘎表示，面对 OT 公司向伦敦国际仲裁法庭提起的诉讼，政府将坚持自己的立场，因为 2018 年发送的 3770 亿图格里克税款追缴函、2020 年发送的 6490 亿图格里克税款追缴函具有充分的依据，这些追缴的税款大部分不是 OT 公司所要缴纳的而是力拓及绿松石山资源公司应该缴纳的税款。按 2015 年融资协定，二期项目投资成本 53 亿美元，投产期为 2021 年 1 月，但实际情况是投产期已推迟 22 个月，投资额已增加 30%，基础条件的改变促使蒙方必须重新看待此协定。另

---

① 在 2015 年二期融资迪拜合同的高利息影响下，力拓从 15 家国际金融机构按 LIBOR+2.5、LIBOR+4.75 利息标准融资 65 亿美元贷款，高利息使蒙古国获益时间从最初的 2023 年推迟至 2041 年，截至 2019 年 11 月，蒙古国持有 34% 股份的所摊债务累计达 16 亿美元，蒙古国国家大呼拉尔不得已做出上述决议。
② 《第三方分析报告及力拓》，蒙通社网站，2021 年 8 月 10 日，https://www.montsame.mn/mn/read/271787，最后访问日期：2022 年 12 月 20 日。

外，从二期项目融资详情看，惠及蒙方的利益大幅减少，在谈判中力拓表示可以改善预算明细，但蒙方还要看具体行动。OT 矿储量的 80% 在井下矿中，目前从露天开采中 OT 公司获得 10 亿美元的收入，如果地下矿投产则收入增加 4 倍，开采量将达到世界前三四位。[①]

2021 年 4 月 1 日，蒙古国国家大呼拉尔全体会议听取了工作组的报告。报告指出，工作组下辖负责财政、法律、基础设施、技术性问题等分组，且每个分组就此各自提出了总结和建议。工作组成员于 2021 年 3 月 5~6 日，在南戈壁省汗博格达县与力拓、OT 公司领导见面，就二期工程建设、精炼厂以及其他工作进行了调研，工作组还聘请了世界著名的财务、地质、水文公司准备为其提供咨询报告。工作组大部分成员的意见如下。（1）根据蒙古国相关法律，废止蒙古国政府、珍宝 OT 与绿松石山资源公司、THR OT、OT 荷兰 BV、力拓国际、OT 公司之间于 2015 年 5 月 18 日签署的《OT 地下开发与融资协定》和《OT 地下开发与融资追加计划》。（2）使 OT 公司一次性缴纳在税收监督范围内发出的追缴函税款，并让力拓承诺不再发生此类事件，谈判只能在没有任何纠纷的前提下进行。（3）对投资合同、股份制合同执行情况进行全面审查修改，提升蒙方整体权益。报告还指出，OT 公司缴纳的税款总共 10260 亿图格里克。2021 年 3 月，OT 公司已经缴纳 2020 年的偷漏税罚金，但仍不接受 2018 年偷漏税罚金，并已向伦敦国际仲裁法庭提起诉讼，但投资方又向蒙方提出了暂缓伦敦国际仲裁法庭诉讼

① 《力拓已表示可以改善地下矿融资预算》，蒙通社网站，2021 年 4 月 14 日，https：//www. montsame. mn/mn/read/260393，最后访问日期：2021 年 5 月 10 日。

程序的建议，而蒙方没有接受。

OT 公司有 110 多亿美元债务，其中 44 亿美元为力拓的，70 亿美元为绿松石山资源公司的。贷款的年利息为 8%，OT 公司需要追加融资，且 24 亿美元贷款偿还期计划延长 5 年。二期项目投资额增加至 67.5 亿美元，投产期延迟 22 个月。按目前的财政状况，蒙古国到 2039 年才能享受红利，蒙方 34% 股份所摊 10 亿美元贷款已经增至 22 亿美元，当前金融评估价为 16 亿美元。按 2010 年的经济技术可行性报告，蒙方和投资方的获利比例是 53∶47。按 2015 签署的融资协定，2018~2055 年，双方货币资产的分配预期为 35∶65。①

蒙古国政府于 2021 年 4 月启动的委托国际著名咨询机构对 OT 项目成本增加和投产期推迟原因所做的第三方分析报告于 2021 年 8 月出炉。报告否定了力拓方面所说项目推迟是因为施工过程中出现的地质技术性问题。对此，蒙古国政府要求力拓做出正式解释。

在蒙方种种压力下，2021 年 12 月 12 日，力拓领导向蒙古国总理奥云额尔登致信表示，从五个方面采取措施以保障蒙古国利益。对此，蒙古国政府工作组组长尼玛巴特尔表示，政府已接受力拓提出的建议，准备向议会做汇报。他说，力拓提出了清零蒙古国政府持有 34% 所摊 23 亿美元债务，这样就不会产生之前所说的 220 亿美元债务，进而分得红利时间也提前；解除二期项目融资协定，并允许对其进行第三方审计；力拓承担二期项目投产为止的全部追加投资；从蒙古国统一电力网获取电力供应；推迟双方国际仲裁 6 个

---

① 《对 OT 成本所做的分析报告将在 6 月份出炉》，蒙通社网站，2021 年 4 月 1 日，https：//montsame. mn/mn/read/259061，最后访问日期：2021 年 10 月 2 日。

月，力主以协商方式解决。①

至此，蒙古国与力拓持续十年的纠纷峰回路转，在保障蒙古国权益方面出现了新的转机。

二　疫情下世界铜供需新变化

根据国际铜业研究组织（ICSG）的报告，蒙古国矿业及其重要组成部分的铜业在其经济中占据重要地位，矿业对 GDP 的贡献率均高于中亚国家和俄罗斯。该机构从铜业市场现状、新冠疫情影响、绿色经济发展、城市化等方面分析了 2021～2030 年铜业市场需求，认为每次生产科技上的新发现促使铜需求加大，在近 50 年内，能源、通信、电器、建筑、机器设备、日用品领域的铜需求增加了 3 倍。新冠疫情对金属产品市场、铜市场产生了巨大影响。就铜而言，疫情传播在三个方面产生了影响。一是疫情影响下全世界转入线上联系形式是最初的最大影响因素。在疫情常态化状况下，中国、美国、日本等国家的民众更多采用移动通信中速度更快的 5G 网络，这将对今后铜需求产生深远的影响。二是目前全世界方兴未艾的绿色发展的技术创新。三是铜在医疗卫生领域的广泛应用。虽然世界铜需求呈现增长态势，但 2020 年五个主要生产国智利、秘鲁、印尼、澳大利亚、加拿大的铜产量呈现了下降趋势。其原因是从 2012 年开始世界大型开发项目尚未投入生产。疫情暴发使一些正

① 《政府将接受力拓、绿松石山资源公司的建议》，蒙通社网站，2021 年 12 月 14 日，https：//www. montsame. mn/mn/read/284139，最后访问日期：2022 年 2 月 8 日。

准备投产或扩建项目推迟，比如智利 El Teniente、Chuquicamata 等大型矿深井全面停工，拥有 15000 名职工的 Quebrada Blanca 矿停工 6 个月，秘鲁铜矿采掘量下降 23%，75% 的工人被"禁足"。在这种情况下，2020 年铜价持续上涨，2021 年初伦敦金属交易所铜的标价达到近 8 年新高，为每吨 8238 美元。①

三 OT 项目对蒙古国矿业经济的影响

对小体量经济体来说，大项目对经济发展的贡献之大毋庸置疑。无论是苏联时期实施的额尔登特、达尔罕铁路项目，还是转型后实施的千禧年之路、OT 矿、乌哈呼都格洗煤厂、塔温陶勒盖煤矿、图木尔廷敖包锌矿和其他一些公路、铁路以及新的国际空港建设等大型项目均是如此。比如：1956 年纵贯蒙古国铁路通车后一直到额尔登特项目投产为止，运行这些项目的企业是蒙古国的纳税大户；1978 年额尔登特项目投产后，相关企业缴纳的税款挺长一段时间内占蒙古国税收收入的 1/3；2005 年投产的中国有色矿业与蒙古国合资开发的图木尔廷敖包锌矿，时至今日都是蒙古国纳税大户。这些大项目不仅在纳税方面，而且在带动相关产业、出口创汇、劳动就业、履行社会责任方面均对蒙古国经济社会发展做出了突出或不小的贡献。2010~2020 年，蒙古国 GDP、税收收入、预算内投资大幅增长，居民工资、社会福利也增加不少。蒙古国 2000 年的 GDP 不到 10 亿美元，而 2020 年达到近 130 亿美元，增

---

① ISCG，2020，蒙古国国家统计局网站，https：//www.nso.mn/mn/statistic/file-library/survey，最后访问日期：2022 年 12 月 2 日。

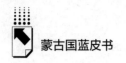

加了十几倍。2011～2020 年，矿业在蒙古国 GDP 的占比增加至 25%左右。按 2020 年第四季度情况，矿业就业人数占全国就业人数的 3.9%。

OT 项目是蒙古国引进的最大外资项目，预计其总投资超过 130 亿美元，这还不包括社会捐赠。据 OT 公司网站及相关报道，2020 年从露天矿所得销售收入为 11 亿美元，出口了 18.2 万吨铜精粉、1.2 万盎司黄金。OT 公司 12000 名职工中 93%为蒙古国公民。2010～2019 年，OT 公司一共向国家和地方缴纳了 30000 亿图格里克税费。2010～2020 年，绿松石山资源公司、力拓缴纳了 28 亿美元。OT 公司 73.9%的职工的月工资收入超过 150 万图格里克，超出蒙古国平均工资水平。①

力拓集团首席执行官雅各布·斯托斯科尔姆（Jacob Stauscholm）在公布 2020 年第四季度的生产业绩时说，力拓为了在 2021 年 OT 深井矿开发中采用块状崩落法，需要与政府协商解决各种许可、融资和电力供应问题，这些均取决于同蒙古国政府的谈判情况。目前，OT 地下矿横向隧道总施工量已达 5.3 万米，第一个采矿点建设已接近尾声。在项目框架内，从第二竖井输出的物料总量已超过 100 万吨，截止到 2020 年 10 月完成了利用远程技术的年度检修。地下四号井的初期维护工作已经完成，现重点进行负荷测试、认证和移交工作，且 2021 年初进行调试工作。三号井的初步维修工作不断开展，并正在进行小规模建设。预计 OT 矿在生产高峰期的运营成本最低，到 2030 年将成为世界上最大的铜金矿之一。计划在

---

① 来自蒙古国立大学经济研究院 2021 年研究报告数据。

2028～2036 年从露天和地下矿平均每年生产 48 万吨铜，其地下矿石铜平均品位为 1.52%，是露天矿的 3 倍，每吨含 0.31 克黄金。与蒙古国政府、绿松石山资源公司合作，在蒙古国国家大呼拉尔第92 号决议框架内，进一步完善地下矿开发和融资计划，本着开放、互利原则，使 OT 项目所有利益相关方受益。①

自额尔登特铜钼矿投产以来，绝大多数年份铜精粉是出口创汇的第一产品（极少数年份煤炭占据头把交椅）。蒙古国 2018 年铜矿储量达 114.4 亿吨，其市值大约为 5290 亿美元。按照 2016～2018 年情况，铜产品在蒙古国出口中的占比达 40%～50%，占预算收入的15%～20%，外国直接投资的 70%～80%，GDP 的 10% 左右。2020 年蒙古国铜产品出口额为 17.78 亿美元，2023～2025 年，有望达到 28亿美元，预计二期工程投产后，使蒙古国 GDP 翻一番。②

目前开发的铜矿有额尔登特矿、OT 矿，而查干苏布日嘎矿在做前期准备工作（均属于蒙古国战略矿）。将来这三个矿对蒙古国经济发挥更大的作用是显而易见的。在目前额尔登特矿还无法扩大产能以及查干苏布日嘎矿项目尚未启动之前，加快 OT 矿深井项目投产是蒙古国抓住世界铜供需新变化，即铜价格上升周期机遇增加财政收入，推进大项目的有效途径。在全世界铜业迅速发展、价格和需求持续上升以及全世界没几家矿企掌握块状崩落法情况下，OT 矿在深井开发中采用该方法是蒙古国面临的一个利好因素。该

---

① 《力拓介绍生产业绩》，蒙通社网站，2021 年 2 月 5 日，https：//www. montsame. mn/mn/read/252642，最后访问日期：2021 年 3 月 17 日。

② 《"蒙古国未来经济的发动机——铜"》，《蒙古世纪报》2021 年 10 月 12 日，第 200 期。

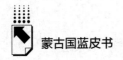

方法的优点是持续性强、综合利用程度高、平均成本低。与此同时，从呼日勒苏赫政府开始，蒙古国政府的执行力得到加强，交通基础设施建设提速，政策制定的长远性、连续性得到保证，此次与力拓达成一致是其例证，也对外资进入蒙古国提供了积极信号。另外，疫情冲击全球产业链、供应链的情况下，与世界最大需求国——中国保持稳定的贸易关系，且中方承诺支持蒙古国出口，促使外界普遍看好 OT 矿项目前景。

结 语

OT 矿是列入世界前五的巨型矿，它凭借毗邻中国、东亚巨大市场，被誉为"聚宝盆"。它的发现使矿业巨头纷纷涌入，最终艾芬豪、力拓将其收入囊中。拥有市场、后勤保障优势的中国中铝、紫金矿业等公司的落选背后当然还有蒙古国"第三邻国"政策的均衡因素。

OT 矿涉及蒙古国国计民生和力拓发展的全球布局，因此从协议签订到项目推进，存在寻租、霸王条款与类似普通消费者之间的博弈纠纷。尤其对处在矿山开发的初始阶段、一切软硬条件差、转型后政局不稳、没有与跨国巨头合作的经验，又处在贪污腐化蔓延的特殊历史时期的蒙古国来说，情况更是如此。蒙古国转型导致的贫富差距拉大、失业加剧等社会问题，以及由此引起的民间团体的活跃和它们与某些政客共同掀起的"资源民粹主义"浪潮，使力拓和蒙古国政府之间的矛盾纠纷始终处在社会舆论的焦点。2019年 11 月通过的蒙古国宪法修正案有战略矿开发利润的一半以上集中到国民财富基金的条款，为国家大呼拉尔做出进一步保障 OT 矿项目中蒙古国整体利益的决议提供了依据。因此，奥云额尔登在就职演说中，把尽快解决久拖不决的 OT 矿项目问题视作政府施政的四大目标之一。蒙古国政府在具体的操作中，统一谈判口径，加大施压力度，兼施灵活适度的策略，达到了预期目的。比如：面对国际社会对力拓有可能撤资的担忧，蒙古国政府委托国际权威机构出具第三方分析报告，有理有据地驳斥了力拓方面出具的施工期延迟和投资增加的理由；在税收纠纷问题上，蒙方借助力拓在非洲等地方的欺诈嫌疑，恰如其分地实施反诉讼，给力拓造成了巨大的舆论压力。当然，首先，蒙古国民众对政府的支持是蒙古国政府最终迫使力拓妥协的最大支撑力量。其次，力拓从全球战略布局出发，不能放弃在蒙项目是力拓妥协的重要考量。预计十余年背负负面形象的力拓今后将更加重视与蒙古国方面的合作，相信其在履行社会责任方面会投入更多的精力和资金。

历史和现实经验证明，大型项目对小体量的蒙古国经济社会的影响和贡献巨大。OT 矿项目所涉及的铜金是蒙古国最大的优势资源，几十年来铜精粉始终是创汇第一产品，无论是蒙古国《远景-2050》规划，还是疫情后提出的"新复兴政策"的落实，都离不开铜的开采、加工、出口，其也是对外招商引资的招牌资源。蒙古国政府与力拓达成协定后，OT 矿项目的施工进度加快，用电和地方建设方面的合作顺利推进，外资对蒙古国的观望、担忧可以说烟消云散。同时，蒙古国总理对外国投资者的道歉、对清廉建设方面的承诺以及政府探矿证发放方面的进度、"新复兴政策"框架内的项目推进，使外国投资者眼前一亮，后疫情时代

蒙古国将有可能迎来新一轮外资引进的高潮。此外，蒙古国包括铜精粉在内的矿产品 90% 以上出口中国，蒙古国是中国近在咫尺的资源供给国，其矿业顺利推进对中国资源能源安全和多元化意义重大。

B.10
蒙俄"西伯利亚力量-2"
天然气管道的进展与前景

祁治业　黄佟拉嘎*

摘　要： "西伯利亚力量-2"天然气管道是继中俄东线输气管道之后俄罗斯规划的第二条对华输气线路。蒙古国争取该管道过境既解决了本国内能源短缺和空气污染的困境，又能为其带来丰厚的过境费收入和创造就业岗位。俄罗斯的战略考量是促进天然气出口多元化、带动沿线地区经济发展和进一步与蒙古国实现利益捆绑。在蒙俄两国共同推动下，2021年已完成项目可行性研究并于2022年开始工程设计和征地等事宜。若该管道顺利落地，将成为中蒙俄经济走廊的示范性工程，也将对东北亚能源合作产生积极影响。

关键词： 蒙古国　俄罗斯　"西伯利亚力量-2"　天然气　中蒙俄天然气管道

---

* 祁治业，兰州大学马克思主义学院博士研究生、内蒙古阿拉善盟委党校讲师，研究方向为蒙古国、东北亚及中亚研究；黄佟拉嘎，蒙古国立大学国际关系学院国际关系专业在读博士研究生，研究方向为蒙古国国别研究。

俄罗斯输华天然气管道过境蒙古国项目由来已久①，时隔20年后终于在2019年12月被俄罗斯提上日程。2022年2月24日，俄罗斯对乌克兰开展军事行动以来遭到欧美多轮制裁，俄乌冲突僵持多年，北约与俄罗斯摩擦不断，北溪管道被炸，欧盟决心彻底摆脱对俄能源依赖。因此，由普京亲自推动的"西伯利亚力量-2"天然气管道热度上升，它将成为俄罗斯天然气"重心东移"的重点项目之一。未来，该管道将成为中、蒙、俄三国乃至东北亚区域合作的转折点。

一 "西伯利亚力量-2"进展情况

2019年9月，俄罗斯总统普京指示俄罗斯天然气工业股份公司（Gazprom，简称"俄气"）总裁阿列克谢·米勒研究经蒙古国向中国输送天然气的可行性，包括伊尔库茨克州、克拉斯诺亚尔斯克边疆区和亚马尔地区的天然气储量，测算可以向这条管线提供的具体数量。② 2019年12月5日，时任蒙古国总理呼日勒苏赫在访俄时专程到索契与普京会谈后表示，已在"西伯利亚力量-2"天然气管道过境蒙古国问题上达成共识，蒙政府与俄气签署了合作备忘录；普京表示，该项目的实施不存在

---

① 1999年12月，时任蒙古国总统巴嘎班迪访俄和时任俄罗斯总统叶利钦达成一项原则性协议，俄罗斯计划修建一条经蒙古国到达中国的天然气管道。
② "Working Meeting Between Vladimir Putin and Alexey Miller," Gazprom, September 9, 2019, https：//www. gazprom. com/press/news/2019/september/article487348/, accessed：2023-02-09.

政治障碍。①

　　普京之所以同意该天然气管道过境蒙古国：一是因为中俄东线天然气管道已经顺利实施②，是时候将中俄西线天然气管道提上日程了；二是因为 2019 年 9 月俄蒙两国已经建立了无限期的全面战略伙伴关系，普京将俄蒙关系称为"兄弟关系"，说明两国已逐步找回苏联时代的亲密友谊。由此可见，只有蒙古国心甘情愿地靠向俄罗斯，俄才放心让天然气管道通过蒙古国领土。反过来，该项目最终得到普京批准，也是在回馈蒙古国的友谊，实现双赢。

　　2020 年 3 月，普京总统听取俄气总裁米勒关于"西伯利亚力量-2"项目汇报，根据初步可行性研究，预计该管道建成后每年能对华供应 500 亿立方米天然气。③ 2021 年 1 月，俄气在乌兰巴托注册成立东方联盟公司，负责"西伯利亚力量-2"的可行性研究，该管道的蒙古国段也称为东方联盟管道。2021 年 12 月，呼日勒苏赫就任总统后首次访俄，普京在记者会上表示"西伯利亚力量-2"项目已完成前期勘测与评估工作。2022 年 1 月 25 日，蒙古国副总理阿玛尔赛汗与俄气总裁米勒举行视频会议，双方签署会议纪要确认完成"西伯利亚力量-2"项目的

① "Gas Pipeline Between Russia and China to Run Through Mongolia," Montsame, December 6, 2019, https：//www. montsame. mn/en/read/209183, accessed：2023-02-09.

② 2019 年 12 月 2 日，习近平主席同普京总统视频连线，共同见证了该管道的正式投产通气仪式。

③ "50 Billion Cubic Meters of Natural Gas Possibly to Be Supplied Annually to China through Mongolia," Montsame, March 30, 2020, https：//www. montsame. mn/en/read/220455, accessed：2023-02-09.

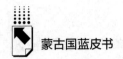

可行性研究报告，并计划在 2022～2023 年进行详细的工程设计。①

2022 年 4 月以来，项目运营公司已经开始进行土地测量、生态评估和考古研究工作，原计划于 2022 年 11 月 30 日前完成。蒙古国政府负责为管道建设划拨土地，并与管道沿线的地方政府就征地补偿与搬迁安置等问题进行协商，首先是该国北部的达尔汗乌拉省，因为管道将在该省穿行 38.3 千米。按照蒙古国的路线规划，管线将途经 6 个省份，包括：色楞格省、中央省、中戈壁省、戈壁苏木贝尔省和东戈壁省。2022 年 9 月，在上海合作组织撒马尔罕峰会期间举行的中蒙俄三国元首峰会上，三方商定积极推进"西伯利亚力量-2"管道项目。

综上所述，经过蒙古国历任总统和历届政府（总理）持之以恒地接力推动，中俄天然气管道过境蒙古国项目终于有了眉目。在蒙俄双方的共同努力下，2020～2022 年已经完成了"西伯利亚力量-2"管道的经济技术可行性研究，2023 年的重点是解决征地和融资问题。从蒙古国发布的消息来看，管线大致与"阿勒坦布拉格—乌兰巴托—扎门乌德"铁路平行，俄罗斯已经放弃原先计划的"阿尔泰线路"。如果该项目顺利实施，将成为中蒙俄经济走廊的样板工程，也将带动整个东北亚地区的能源合作。

---

① "Protocol Signed on Finalizing Gas Pipeline Project Feasibility Study," Montsame, January 25, 2022, https：//montsame.mn/en/read/288007, accessed：2023-02-09.

二 蒙古国的利益考量

蒙古国积极争取"西伯利亚力量-2"管道过境：一是希望该管道向蒙古国供应一部分天然气，解决本国的能源短缺困境，同时缓解乌兰巴托的空气污染和实现绿色发展；二是期待该项目的建设能为蒙古国创造就业机会、促进经济复苏，以及稳定收取过境费。

（一）收取管道过境费

"西伯利亚力量-2"管道在蒙古国境内大约有 1000 千米（蒙古国勘测为 960.5 千米）[①]，中石油与俄气达成的初步意向为每年向中国输送 500 亿立方米天然气。若按此前 2010 年时俄罗斯与白俄罗斯之间签订的过境费标准——每 1000 立方米天然气传输 100 千米收费 1.88 美元[②]测算，蒙古国每年大约可收取 9.4 亿美元的过境费，蒙古国政府乐观估算为 10 亿美元。[③] 这对于大约 345 万人口[④]

[①] "Feasibility Study for Natural Gas Pipeline Project at 70 Percent," Montsame, November 10, 2021, https：//www. montsame. mn/en/read/280691, accessed：2023-02-09.

[②] 《俄罗斯和白俄罗斯签署天然气过境费新协议》，环球网，2010 年 7 月 2 日，https：//world. huanqiu. com/article/9CaKrnJnM1u，最后访问日期：2023 年 2 月 9 日。

[③] "Progress of Feasibility Study for Gas Pipeline Project at 60 Percent," Montsame, October 13, 2021, https：//www. montsame. mn/en/read/277820, accessed：2023-02-09.

[④] 根据蒙古国国家统计局数据，全国人口约 345 万人，查询时间：2022 年 8 月 16 日。

的蒙古国来说是一笔不小的收益，相当于人均 290 美元/年的新增收入。

（二）用上清洁能源

"西伯利亚力量-2"管道将使蒙古国用上清洁能源。该管道投入使用后，未来蒙古国也能利用俄罗斯的天然气，将其广泛用于发电、汽车和民用等领域，必将大力缓解本国的空气污染问题。按照蒙古国的路线规划，管道将穿越该国 6 省 22 县①，管道沿线的苏赫巴托尔市、达尔汗市、乌兰巴托市、乔伊尔市和赛音山达市等几个大城市将是主要的用气地区，它们每年对天然气的总需求量为 4 亿~6 亿立方米，天然气管道的建设也将使这些城市的空气污染至少减少 90%。预计在管道开通初期，蒙古国每年的天然气消费量大约为 5 亿立方米，最终将达到 10 亿立方米，而未来蒙古国对天然气的潜在年需求量将达到 20 亿~25 亿立方米。②

（三）创造就业岗位

蒙古国政府预计该管道将于 2027~2028 年建成，在项目建设期间将创造 12000 个工作岗位，其中 50%的劳动力来自蒙古国。项目正式竣工通气之后，仍需要 1000 多人全程负责运营维

---

① 天然气管道经过的 6 个省份包括：色楞格省（首府苏赫巴托尔市）、达尔汗乌拉省（首府达尔汗市）、中央省（首府宗莫德市）、中戈壁省（首府曼德勒戈壁市）、戈壁苏木贝尔省（首府乔伊尔市）和东戈壁省（首府赛音山达市）。

② Sereeter Batmunkh, et al., "Energy Cooperation Between Mongolia and Russia: Past, Present, and Future," *Proceedings of the Mongolian Academy of Sciences*, Vol. 61, No. 1, 2021, p. 46.

护等，其中大多数为蒙古国员工。而且，如果天然气领域创造一个岗位，在其他相关领域就会随之产生 4~6 个岗位，假如有1500 人在天然气领域就业，与其相关的行业就会至少产生 6000个岗位。①

（四）实现绿色发展目标

随着蒙古国引入天然气，也将有助于其实现绿色发展目标。2020 年 5 月 13 日，蒙古国国家大呼拉尔通过了蒙古人民党政府制定的《远景-2050》②，它的长远目标包括：到 2050 年消除贫困，中产阶级将占总人口的 80%；国内生产总值增长 6.1 倍，人均GDP 增长 3.6 倍达到 1.5 万美元，超过世界发达国家门槛；将乌兰巴托建设成为一个宜居、环保、以人为本的智慧城市（目前该市的经济规模已达 28 万亿图格里克，占该国 GDP 的 74%）；将蒙古国的人类发展指数提高到 0.9，幸福指数居世界前 10 位；将国内的各个地区③融入周边区域经济发展，打造国家的综合竞争力，建立稳定的结算体系；创造更为绿色的经济，促进环境友好的绿色发展，维护生态系统平衡，确保环境的可持续性。蒙古国的宏伟目标是，2050 年时在社会经济发展方面成为"亚洲领先国家"和东北

① "L. Khangai: It Shouldn't Be Assumed that the Construction for the Pipeline Going Through Mongolia Will Begin in Just a Few Days," Montsame, April 10, 2020, https://montsame. mn/en/read/221765, accessed: 2023-02-09.

② "Parliament Approves 'Vision-2050' Long-term Policy Document," Montsame, May 15, 2020, https://montsame. mn/en/read/225589, accessed: 2023-02-09.

③ 蒙古国将领土划分为 6 个区域：东部地区（East）、戈壁地区（Gobi）、阿尔泰地区（Altai）、西部地区（West）、杭盖地区（Khangai）和乌兰巴托地区（Ulaanbaatar）。

亚地区的绿色能源基地。

蒙古国自 1992 年政治与经济全面转型以来,共计实施或出台过 517 个长、中、短期发展项目、计划和相关政策文件①,但落实不充分、持续性较差。因此,蒙古人民党在起草《远景-2050》的过程中,审查了过去 30 年实施的所有项目和计划,在总结错误、教训和成就的基础上,制订了下一个 30 年与国际接轨的中长期发展规划。而"西伯利亚力量-2"天然气管道的建设,无疑将成为蒙古国实现未来 30 年发展愿景的助力器。

三　俄罗斯的战略考量

俄罗斯的利益考量则是扩大能源出口市场,同时以中蒙两国为跳板拓展整个东北亚市场,以及将俄蒙进行利益绑定,防止其倒向美日等其他大国。

(一)俄罗斯天然气出口重心东移

对俄罗斯来说,"西伯利亚力量-2"管道将促进俄天然气销售市场的多元化,同时有效对冲欧洲管道的禁运风险。因为目前俄罗斯西西伯利亚的天然气主要是向西进入其国内市场或者出口到欧洲市场,但从长远来看,这些西方市场对俄天然气的消费量预计将减少甚至停滞。2019 年,俄气超过 95% 的天然气出口到西方市场,出口到东方市场的不到 5%,因此它曾计划将这一比例调整为西方

---

① "Vision-2050 Presented to Prime Minister U. Khurelsukh," Montsame, January 6, 2020, https://www.montsame.mn/en/read/211632, accessed: 2023-02-09.

70%、东方30%。但是,由于欧洲的能源转型以及2022年爆发的俄乌冲突影响,欧盟对俄罗斯天然气的需求量开始下降。相比之下,中国等亚太国家预计将成为全球天然气需求的主要增长引擎。因此,俄罗斯必然大幅提升向东亚市场的天然气出口比例。

2022年2月24日俄罗斯出兵乌克兰后,欧洲迅速制裁俄罗斯,德国叫停"北溪-2"天然气管道。2022年9月26日,"北溪-1"和"北溪-2"天然气管道被炸,欧洲打算弃用俄罗斯天然气。2022年2月4日,普京总统访华出席北京冬奥会开幕式时,中俄签订的15份协议中有3份是油气合同。① 对于"西伯利亚力量-2"管道,俄方认为,由于过境蒙古国可缩短运输距离,将使俄气更容易与中石油达成协议,而且随着天然气输送成本的降低,俄方可能在交割价格谈判中更有优势;另外,这条新路线还使俄罗斯天然气与中国的其他管道供应(中亚天然气管道、中缅油气管道)相比更具竞争力。或许正是中俄长期能源合作给了俄罗斯强硬对抗欧美集团的底气,同时俄罗斯也早就做好了天然气出口重心东移的战略规划。未来,若俄罗斯失去欧洲市场,其必然更加重视东北亚市场。

(二)带动管道沿线地区经济发展

对俄罗斯来说,"西伯利亚力量-2"将带动管道沿线地区的经济发展。该管道建成后,除了向中国出口更多天然气外,还可以将管道沿线的天然气产量(主要是在克拉斯诺亚尔斯克边疆区)纳

---

① 《中俄签署一系列合作文件》,光明网,2022年2月5日,https://m.gmw.cn/baijia/2022-02/05/35494903.html,最后访问日期:2023年2月9日。

入，使其进入流通渠道。根据俄气消息，"西伯利亚力量-2"管道的起点将是北极地区亚马尔半岛（Yamal Peninsula）的博瓦涅科沃（Bovanenkovo）气田和哈拉萨维（Kharasavey）气田，这也是向欧洲供应天然气的资源基地。但是，从亚马尔-涅涅茨自治区新乌连戈伊镇（Novy Urengoy）以南的管线走向并不与现有的通往秋明州苏尔古特（Surgut）和更远的新西伯利亚（Novosibirskaya）方向的天然气管线并行，而是需要新建管道几乎呈直线南下至克拉斯诺亚尔斯克边疆区。目前该线路上没有现成的天然气管网，这条总长2594千米的管道将穿过克拉斯诺亚尔斯克、伊尔库茨克（Irkutsk）、布里亚特（Buryat）和外贝加尔（Trans-Baikal）地区，然后经过贝加尔湖附近，再穿过蒙古国边界，途经乌兰巴托，最终从二连浩特进入中国。

据估计，该管道工程的建设成本和复杂程度将与"西伯利亚力量"管道相媲美。"西伯利亚力量-2"管道的建设估计需要至少6年时间，该项目将由俄气下属的子公司托木斯克天然气运输公司（Gazprom Transgaz Tomsk）运营，将于2030年投入使用，其天然气出口能力将比"西伯利亚力量"管道高出1.3倍以上。根据俄罗斯科学院西伯利亚分院梅伦蒂耶夫能源系统研究所专家的测算，2020~2030年贝加尔湖地区的潜在天然气需求量为70亿~80亿立方米，其中伊尔库茨克地区为40亿~45亿立方米，布里亚特地区为10亿~15亿立方米，外贝加尔地区为10亿~15亿立方米。[1] 过

---

[1] Sereeter Batmunkh, et al., "Energy Cooperation Between Mongolia and Russia: Past, Present, and Future," *Proceedings of the Mongolian Academy of Sciences*, Vol. 61, No. 1, 2021, p. 46.

去缺乏天然气主干管网等基础设施，严重阻碍了沿线地区的经济发展，但是"西伯利亚力量-2"天然气管道的建设将给上述地区带来新的发展机遇。

（三）为俄蒙全面战略伙伴关系增色

俄气非常清楚"天然气管道过境第三国"将面临的潜在风险及其后果，毕竟2005年以来俄罗斯与乌克兰之间由天然气争端最终演变为"亲兄弟"分道扬镳甚至大打出手的悲剧历历在目。俄罗斯出口欧洲的天然气80%经由乌克兰、20%经由白俄罗斯，不仅俄乌反目，甚至连俄铁杆盟友白俄罗斯也曾在2010年因为过境费问题而威胁俄罗斯要暂停提供石油和天然气过境服务。[①] 不过俄罗斯最终还是同意了蒙古国提出的过境建议，因为在俄方看来，它完全有能力驾驭未来的各种风险。

蒙古国在能源方面严重依赖从俄罗斯进口，只要俄方提高燃油价格或断供，蒙古国就会陷入困境。例如：2021年7月30日俄能源部向政府提议，由于俄国内汽油价格屡创新高，应禁止出口汽油，于是俄联邦政府决定在2021年9月1日前暂时限制95号和98号汽油的出口。这导致蒙古国一度出现油荒，不得不紧急从中国进口汽油，以确保燃料供应和储备。[②] 另外，俄乌冲突爆发后俄罗斯

---

① 《白俄罗斯要求俄罗斯全额支付天然气过境费》，新华网，2010年6月25日，https://world. huanqiu. com/article/9CaKrnJnI7y，最后访问日期：2023年2月9日。

② 《从中国进口的98号和95号汽油已运抵边境口岸》，蒙通社网站，2021年8月6日，https：//montsame. mn/cn/read/271576，最后访问日期：2023年2月9日。

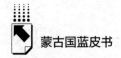

必然优先满足本国的燃油需求，受此影响蒙古国的燃料价格上涨、燃油储备出现短缺，甚至再次面临部分型号的汽油柴油断供现象。可以说，"俄罗斯咳嗽，蒙古国就要打喷嚏"，进口燃油价格左右着蒙古国人民的面包价格。

至于技术上，中俄东线天然气管道已经证明，高寒地区油气管道技术并不是障碍，俄罗斯拥有所需的一切工程经验，而且它比蒙古国更有经济能力实施该项目。况且管道在蒙古国境内穿越的地形是相对平坦的沙漠和草原，建设成本更低。在管道建设上，俄罗斯或许会照搬它与波兰在"亚马尔—欧洲管道"上的合作模式，由俄方承建蒙古国段管道，然后以此为条件与蒙方谈判降低过境费。

（四）实现俄蒙两国经济利益捆绑

"西伯利亚力量-2"管道的建设，可以促进俄、蒙两国经济利益的捆绑，防止蒙古国倒向西方。早在2012年3月，蒙古国就与北约正式签署了合作伙伴协议，获得北约"和平伙伴关系国地位"，意味着蒙古国向北约迈出了一大步。尤其是额勒贝格道尔吉担任蒙古国总统期间（2009~2017年），在对外政策上更加"亲西方"，在其8年任期内努力向北约靠拢，他在下台之后公开表示曾反对加入上海合作组织。[1] 过去30年来美国一直在拉拢蒙古国，"北约东扩至蒙古国"不仅是俄罗斯最为忌讳的，也是中国所担心的，中俄两国在这方面有着共同利益。

---

[1] "Former President Ts. Elbegdorj Questioned by Anti-corruption Body," News. mn, February 25, 2019, https：//news. mn/en/786623/, accessed：2023-02-09.

由于蒙古国在政治、安全、军事和经济等方面都有求于俄罗斯，其在战略层面会更在乎俄罗斯的顾虑和利益考量。俄罗斯不论从经济利益还是国家安全出发，都绝不能让蒙古国成为美国和北约的"棋子"以及西方向俄西伯利亚和远东地区渗透的跳板。最终，蒙古国以靠向"欧亚经济联盟"换来了俄罗斯同意让"西伯利亚力量–2"管道过境蒙古国，也算是投桃报李，各取所需。蒙古国在巨大的经济利益面前让步俄罗斯的政治利益，俄也让蒙在欧亚经济联盟和北约之间做出了明确的选择。

综上所述，过去23年来俄、蒙两国都十分清楚，如果仅仅是为了满足俄罗斯布里亚特、外贝加尔地区和蒙古国的用气需求而专门建造一条天然气管线，在商业上性价比不高，而且管道建设费用也只能由俄蒙两国来承担。但是，如果有稳定天然气需求的外部大型买家（比如中国、韩国、日本等经济强国）参与，则管道通过这些地区才有利可图。因此，在共同利益的驱动下，近三年俄蒙积极推动"西伯利亚力量–2"天然气管道项目。

结　语

"西伯利亚力量–2"天然气管道是俄罗斯继"西伯利亚力量"管道成功运营之后规划的第二条对华输气线路。俄罗斯希望借此把西伯利亚油气出口到东北亚地区，在繁荣西伯利亚和远东经济的同时，扩大与东北亚经济圈的合作，同时实现能源出口多元化的发展战略。该管道线路的走向得到蒙古国的高度重视，希望新管道能够穿越蒙古国进入中国，在带来过境费的同时也能解

决其国内油气短缺的问题，为此蒙古国一直保持与中俄两国的磋商。经过额勒贝格道尔吉、巴特图勒嘎和呼日勒苏赫三任总统以及历届政府总理的持续推动，最终得到俄罗斯总统普京的批准。目前来看，经过蒙古国的"西伯利亚力量-2"管道已成为2015年提出的"中俄西线天然气管道"（阿尔泰线路）的替代方案，管道起点位于北极圈附近的俄罗斯亚马尔地区，这也是向欧洲供气的起点。该管道将一路南下贯通西伯利亚和克拉斯诺亚尔斯克地区的天然气外输通道，进而带动俄蒙两国管道沿线的区域经济发展。

实际上"过境蒙古国向中国输气"一事，俄罗斯从1999年起便持续徘徊了20年之久，一直没有被正式提上日程。在这期间，既有中国天然气消费市场还未成熟、对俄吸引力还不够大的原因，也有俄罗斯的地缘政治考量。但是在2022年俄乌冲突爆发后，在遭受西方轮番制裁和欧盟决心与俄能源"脱钩"的背景下，俄罗斯势必将能源出口重心东移。当然，俄罗斯的战略目标不仅仅局限于中、蒙、俄三方，韩国、日本甚至朝鲜都有可能被纳入未来的东北亚能源圈之内。在俄罗斯的棋盘中，中、蒙、朝三国是俄传统友好国家，韩、日两国容易受其盟友美国影响而左右摇摆。但这五国有一个共同点就是，都属于缺油少气的国家，并且都高度依赖油气进口，俄罗斯则占尽谈判优势。不过2022年2月在俄罗斯对乌克兰发起军事行动后，日韩追随美国制裁俄罗斯以及普京总统在内的俄高官，严重影响了日、韩两国与俄罗斯的关系。未来数年内，俄仍将以中蒙俄经济走廊为主打造三国能源走廊，或许还会利用中、蒙、俄三国与朝鲜的传统友好关系，带动朝鲜的逐步开放，待俄日关系和俄韩关系转圜之后，再全面构建东北亚能源圈。在这个过程中少不了大国之间的战略博弈和讨价还价，也充分考验着中、俄两国的智慧和战略定力，前景充满挑战同样也值得期待。

附　录

蒙古国大事记（2020年7月至2021年6月）

刘巴特尔*

2020年

7月

1 日　蒙古国第八届国家大呼拉尔召开首次全体会议，贡·赞丹沙塔尔当选国家大呼拉尔主席，蒙古人民党议员特·阿尤尔赛罕和民主党议员斯·奥登图雅当选副议长。

2 日　蒙古国国家大呼拉尔全体会议通过了任命蒙古人民党提名的乌·呼日勒苏赫为蒙古国第31任总理的决议。

6 日　蒙古国自然环境与旅游部旅游政策调整局局长萨·巴亚斯嘎朗表示，自发生新冠疫情以来，蒙古国旅游业亏损达1.2亿美元。疫情影响导致300多家旅游公司和酒店倒闭，约3.4万人失业。

7 日　蒙古国国家大呼拉尔全体会议通过了《政府结构和组成

* 蒙古国内蒙古总商会会长。

法修正案》，政府将由办公厅和 14 个部组成。议会还通过了《公共行政体系和结构的总体方案》修订案，政府将下设 12 个监管机构和 23 个执行机构。

8 日　蒙古国总理乌·呼日勒苏赫在国家大呼拉尔全会上报告了蒙古国新政府成员名单。新政府成员由总理、副总理、政府办公厅主任和 14 位部长共 17 人组成。

8 日　蒙古国与中国正式发布了《蒙中边境口岸"绿色通道"实施办法》，进一步明确和细化了蒙中边境口岸"绿色通道"的人员和货物往来等问题。该实施办法仅在疫情防控高度戒备状态期有效，双方通过外交渠道互相通知后生效。

10 日　蒙古国外长尼·恩赫泰旺同中国国务委员兼外长王毅通电话。王毅祝贺尼·恩赫泰旺就任外长并表示，中蒙是永远的邻居，长期睦邻友好完全符合两国人民根本利益。尼·恩赫泰旺部长表示，蒙古国新一届政府将发展对华友好关系作为首要外交方针。在抗击疫情过程中，蒙中两国人民真心诚意相互支持，团结抗疫。蒙方感谢中方提供的无私帮助。

23 日　蒙古国外长尼·恩赫泰旺会见了中国驻蒙古国大使柴文睿，双方就深化蒙中两国全面战略伙伴关系交换意见并达成了诸多重要共识。

24 日　蒙古国国防部部长赛汗巴亚尔会见了俄罗斯驻蒙古国大使伊·卡·阿齐佐夫，双方就蒙俄两国政治和国防合作问题深入交换意见。

31 日　蒙古国财政部部长其·呼日勒巴特尔和中国驻蒙古国大使柴文睿分别代表蒙中两国政府共同签署了使用中国政府无偿援

助 6 亿元实施"蒙古国边境口岸海关检测设备"项目的有关换文。其·呼日勒巴特尔说,该项目旨在提高蒙古国边境口岸车辆、货物查验能力和加大打击走私违法活动的力度,对促进中蒙两国经贸交流和加快蒙古国外贸发展具有重要意义。

8月

3 日 蒙古国央行与中国人民银行续签了蒙中双边本币互换协议。双边本币互换规模保持为 150 亿元人民币/6 万亿图格里克,旨在便利双边贸易和投资,促进两国经济发展。双边本币互换协议有效期为 3 年。

2 日 蒙古国自然环境与旅游部部长达·萨仁格日勒为落实《远景-2050》纲要性文件涉及的"千秋伟人——圣祖成吉思汗"国家历史文化旅游园建设项目,会见相关官员和承建公司管理人员,研究需要解决的问题。该项目区域涵盖肯特省六个县,有"圣祖——成吉思汗""马上英雄博尔术——结拜安达""失吉忽秃忽——大扎撒法典""帝国——大忽里勒台""蒙古秘史"等景区,计划于 2023 年投入使用。

17 日 蒙古国国家大呼拉尔非例行会议开幕。此次会议重点研究和审议蒙古国 5 年发展规划基本方针、政府 2020～2024 年行动纲领、2020 年度财政预算调整草案、2019 年度财政预算执行情况、2021 年度预算制定情况等有关问题。

18 日 中国内蒙古自治区党委常委、呼和浩特市委书记王莉霞在市政府会见了蒙古国驻呼和浩特总领事桑·巴特胡亚嘎一行,双方就进一步加强交流合作进行了亲切友好的会谈。

20 日　蒙古国国家大呼拉尔主席贡·赞丹沙塔尔线上出席第五次世界议长大会并发言。贡·赞丹沙塔尔表示，此次疫情以前所未有的方式改变了全世界，我们应该做出更多努力来携手应对疫情，需要共同关注和解决所面临的棘手问题。

25 日　蒙古国总理乌·呼日勒苏赫与俄罗斯天然气工业股份公司总裁米勒举行线上会议，就俄罗斯过境蒙古国向中国输送天然气项目框架进行交谈。蒙古国副总理亚·索德巴特尔和米勒总裁签署了成立联合公司的谅解备忘录。据索德巴特尔副总理介绍，俄罗斯天然气工业股份公司、中国石油天然气集团有限公司和蒙古国额尔登斯蒙古公司将共同负责该项目的相关工作。

28 日　蒙古国国家大呼拉尔非例行会议讨论并通过了"2021~2025 年蒙古国五年发展基本方针"和"2020~2024 年蒙古国政府行动纲领"议案。

9月

2 日　蒙古国自然环境与旅游部决定吊销韩国独资企业 AGM 矿业公司经营许可证，因该公司违反蒙古国相关法律，在生产经营活动中造成治疗眼疾的陶日木汗温泉干涸，还因强占 8 户牧民的冬营地而被诉诸法院。

3 日　蒙古国中央证券监管机构宣布，额尔登斯塔旺陶拉盖股份公司 2019 年 14.8% 的红利即日开始转至公民个人账户。蒙古国每个公民将得到 1072 股红利，每股 81 图格里克，共计发放红利约 1800 亿图格里克。

7 日　世界银行向蒙古国提供总额为 2100 万美元的优惠贷款

和无偿援助。其中 2000 万美元的优惠贷款用于改善疫情下蒙古国行业机构的服务和微型企业经营条件，100 万美元无偿援助资金用于医疗卫生机构采购急需的防护物资。

11 日　蒙古国总统哈·巴特图勒嘎赴肯特、苏赫巴托和东方省，视察了赛音山达至苏赫巴托省省会西乌尔特 317.4 千米铁路建设工程、西乌尔特至乔巴山 205 千米铁路筹建工作和东方省喀尔喀河新建县项目。

13 日　嘎顺苏海特-甘其毛都口岸出境运煤车 900 辆，出口煤炭 9.2 万吨，创下该口岸自发生疫情以来单日最高出口量。蒙中两国于 7 月 8 日正式发布《蒙中边境口岸"绿色通道"实施办法》，促进了煤炭通关工作。

14 日　蒙古国央行货币政策委员会举行新闻发布会，宣布将政策利率降至 8%。这是自 2020 年新冠疫情暴发后，货币政策委员会第三次降低政策利率，也是自 2007 年以来的最低政策利率。

15 日　蒙古国外长恩赫泰旺与到访的中国国务委员兼外交部长王毅举行正式会谈。双方就加强蒙中全面战略伙伴关系、深化相互了解和政治互信、推进各领域合作以及地区和国际关系等广泛议题进行了讨论。

16 日　中国国务委员兼外长王毅在乌兰巴托拜会了蒙古国总统哈·巴特图勒嘎，转达了习近平主席对哈·巴特图勒嘎总统的问候，哈·巴特图勒嘎总统请王毅转达他对习近平主席的问候。当天，王毅外长还拜会了蒙古国总理乌·呼日勒苏赫，并就中蒙两国合作交流、地区和国际合作等问题交换了意见。

19 日　联合国开发计划署的蒙古国可持续羊绒平台组织牧民

和全球大型羊绒品牌公司代表，就可持续羊绒问题举行了在线会议。牧民们与 HUGO BOSS、KERING GROUP、BURBERRY、SCHNEIDER 等世界著名品牌领导人就新冠疫情影响牧民的家庭收入和生活等问题进行了探讨。

21 日 到访俄罗斯的蒙古国外交部部长尼·恩赫泰旺同俄罗斯外长谢尔盖·拉夫罗夫举行了正式会谈，两国外长就双边关系以及区域和国际合作问题深入交换了意见。

22 日 第 61 届国际数学奥林匹克竞赛在线上举办，蒙古国代表团分别获得 1 枚金牌、2 枚银牌及 1 枚铜牌，这是蒙古国选手在国际数学奥林匹克竞赛历史上获得的第 4 枚金牌。

23 日 蒙古国总统哈·巴特图勒嘎在线出席第 75 届联合国大会一般性辩论并发言。他表示，全球暴发的疫情使人类意识到爱护地球、保护自然环境的重要性。崇尚和爱护大自然，是蒙古人的游牧生活和民族思想中不可或缺的传统。

10月

1 日 蒙中俄经济走廊环境问题介绍会在日内瓦以线上形式举行。蒙古国驻瑞士大使拉·普日苏荣、瑞士环境交通能源与通信部代表马丁·罗恩·罗萨德、非营利环保研究机构经理奥托·西蒙妮特以及联合国环境规划署代表罗恩·帕尔默等人出席会议并发言。

2 日 蒙古国科技创新中心奠基仪式在乌兰巴托举行，乌·呼日勒苏赫总理出席了奠基仪式。蒙古国科学院院长、院士德·日格德勒说，国家投入巨资建立科技创新中心是一项历史性事件，这将为科技发展带来全新的面貌。

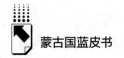

蒙古国蓝皮书

6 日　美国国务卿篷佩奥同蒙古国总统哈·巴特图勒嘎通电话，双方就两国关系与合作中优先增加经济内涵的潜力和机遇等问题交换了意见。

8 日　巴彦洪戈尔至阿尔泰 126.7 千米硬化公路建成投入使用，蒙古国总理乌·呼日勒苏赫出席通车仪式并致辞。

9 日　蒙古国外长尼·恩赫泰旺在乌兰巴托同应邀来访的日本外务大臣茂木敏充举行正式会谈。双方对两国战略伙伴关系中期计划的成功实施表示肯定，并就蒙日两国关系发展现状、未来目标和共同行动等诸多问题广泛交换了意见。

12 日　中国公民涉嫌在蒙古国境内组织洗钱和诈骗活动一案，在乌兰巴托市巴彦珠尔赫区初级刑事法院开庭，法院做出对 15 名中国公民判处 9~12 年有期徒刑的初审判决。

15 日　俄罗斯政府决定将提供给蒙古国的奖学金名额再增加 50 个，俄罗斯每年向蒙古国提供的奖学金名额将达到 550 个。蒙古国政府计划将新增的 50 个名额用于培养石油和天然气专业技术人员。

16 日　蒙古国总理乌·呼日勒苏赫在国家大呼拉尔全体会议上报告了 2021 年预算草案，他说政府将实施电子自动化、公开透明和高效的预算政策，促进经济增长。

20 日　第五届中蒙俄三国旅游部长视频会议召开。三方就携手应对疫情影响、打造"万里茶道"国际旅游品牌、推动疫后中蒙俄三国旅游合作发展等内容深入交换了意见。

22 日　蒙古国为支持中国抗击新冠疫情而捐赠的 3 万只羊开始移交中方。双方举行了交接仪式，首批 4000 只捐赠羊经札门乌德—二连浩特口岸入境中国。

22 日　蒙古国驻中国香港特别行政区总领事格·加尔嘎勒赛汗 10 月 22 日会见了香港特别行政区行政长官林郑月娥，双方强调蒙古国和中国香港扩展科技、教育、贸易、投资、旅游等领域的合作关系。

22 日　第十一届中蒙新闻论坛以网络视频方式举行。中蒙两国嘉宾和媒体代表围绕"疫情下的媒体：挑战、经验与合作"主题分享合作抗疫经验，畅谈媒体发展与合作，发表了《中蒙新闻媒体新十年交流合作宣言》。

25 日　第十二届乌兰巴托国际电影节落幕。5000 多名观众观看了来自 15 个国家和地区的 18 部长片和 1 部短片。根据观众投票评选的结果，中国导演王小帅的故事片《再见，我的儿子》获得 2020 年"猎鹰"奖。

30 日　由蒙古国卫生部和欧盟、世界卫生组织共同实施的"蒙古国新冠疫情防控应对措施"合作项目启动仪式在乌兰巴托举行，该合作项目实施期限为 3 年。蒙古国卫生部部长托·孟赫赛汗、欧盟驻蒙古国特命全权大使特拉扬·赫里斯泰亚（Traian Hristea）和世卫组织常驻蒙古国代表谢尔盖·迪奥蒂察（Sergey Diorditsa）出席启动仪式。

11月

2 日　蒙古国驻华大使馆与北京市商务局、中国国际电子商务中心联合举办蒙古国投资环境与项目合作推介会。蒙古国驻华大使图布辛·巴德尔勒在致辞中表示，蒙古国获得的外国投资 5 年来翻了 2.3 倍，目前有来自 113 个国家的 14932 个外资企业在蒙营业。

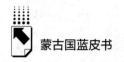

3 日 蒙俄政府间经贸科技合作委员会交通运输工作组第 15 次会议在乌兰巴托举行。双方商定，今后将共同提高蒙古国苏赫巴托火车站和俄罗斯纳乌什基火车站的能力。同意采取具体措施，扩大铁路、公路和航空运输合作。

5 日 "建设蒙中俄经济走廊规划纲要"推进落实联合工作组组长首次会议以线上形式举行。三方讨论了蒙中俄经济走廊框架内首先要实施的道路运输项目以及俄罗斯过境蒙古国向中国输送天然气的管道建设项目进展等问题，还就旅游和教育等各领域合作交换了意见。

9 日 由中国和平发展基金会援建的第二中心医院儿科门诊楼投入使用，蒙古国卫生部部长托·孟赫赛汗、中国驻蒙古国大使柴文睿、第二中心医院院长萨·恩赫包勒德等出席了门诊楼启用仪式。

10 日 蒙古国总统哈·巴特图勒嘎以视频方式出席上海合作组织成员国元首理事会第二十次会议并发表讲话。他说，蒙古国重视与上合组织成员国、观察员国的合作，其中尤其是与俄罗斯和中国在推动天然气管道、铁路、公路等实际问题上取得的进展。

11 日 蒙古国政府副总理兼国家紧急状况委员会主席亚·索德巴特尔发布第 12 号命令，决定首都乌兰巴托临时"封城"3 天，其间禁止城际客车、私人客车驶出首都；暂停国内航班和火车等交通工具运营，但车辆从市外驶入首都不受限制。

12 日 蒙古国国家税务总局局长巴·扎亚巴拉通报，在"E-Mongolia"项目框架内，国家 48 项税收服务和出具证明的服务已实现电子化。税收系统每小时可为约 21000 人提供服务。

16 日　《蒙古秘史：全面研究》新书发行仪式以线上形式举行，国家大呼拉尔主席贡·赞丹沙塔尔出席发行仪式并表示祝贺。专家学者们认为，《蒙古秘史：全面研究》一书使蒙古秘史研究迈上了新台阶。

25 日　蒙古国国家大呼拉尔与中国全国人大交流机制第三次会议以线上形式召开，蒙古国国家大呼拉尔副主席图·阿尤尔赛汗、中国全国人大常委会副委员长白玛赤林共同主持会议。双方就蒙中关系、立法机构交往、经贸及抗疫合作等问题交换了意见。

25 日　蒙古国和哈萨克斯坦政府间经贸科技文化合作委员会第八次会议以线上形式举行，双方就加强蒙哈两国经贸、投资、交通运输、农牧业、旅游、文化、科学和人道主义领域合作深入交流并交换了意见。

25 日　蒙古国地理信息协会与中国卫星导航系统管理办公室学术交流中心举行蒙中北斗应用双边合作协议签约仪式，将带动蒙中导航定位企业间的产学研合作和技术转移。

30 日　联合国《残疾人权利公约》缔约国大会第十三次会议在纽约联合国总部举行。会议期间举行了联合国残疾人权利委员会（2021~2024 年）选举，蒙古国提名的国家盲人协会主席达·格日勒当选该委员会委员。

30 日　蒙古国副总理亚·索德巴特尔以视频方式出席上海合作组织成员国政府首脑理事会第十九次会议并发言。他表示，蒙古国愿同上合组织成员国在经济、农业、基础设施、能源、过境运输等领域积极开展合作，并参与相关项目和计划。

12月

1日 由蒙古国驻呼和浩特总领事馆、南京市文化和旅游局等共同主办的南京"中蒙文化艺术展"开幕。蒙古国驻华大使巴德尔勒、蒙古国驻呼和浩特总领事巴特胡亚嘎等一行出席，南京市政府外事办、文旅局有关领导到会。蒙古国近百件油画、绣毡、手绘等艺术品实物在这次展览中与观众见面。

4日 由蒙古国工商会和蒙古国立大学商学院每两年联合发布一次的《蒙古国商业环境调查》报告在网上公布。本年参与该调查的企业有4075家，超过50%的被调查者反映政府部门官僚主义严重，官员腐败给企业造成了经营困难。

7日 蒙古国财政部部长其·呼日勒巴特尔会见中国驻蒙古国大使柴文睿，询问了中国制造新冠病毒疫苗的情况，提出希望中国向蒙古国供应疫苗的意愿。柴文睿大使表示争取尽快解决。

9日 蒙古国总理乌·呼日勒苏赫出席"塔温陶勒盖燃料"公司东部地区型煤厂建成投产仪式。该厂年产能力达到60万吨型煤。原煤喂入、粉碎、筛分等作业都在地下设施中进行，比之前的型煤加工厂更环保。

10日 交通运输发展部部长鲁·哈勒塔尔线上与中国交通运输部部长李小鹏会谈，表示推动修订《蒙中过境铁路协定》，提升二连浩特—扎门乌德铁路口岸过境运输能力。双方商定加深铁路合作，在做好疫情防控的基础上促进两国贸易和过境运输。

12日 联合国气候雄心峰会以视频方式举行，蒙古国总统哈·巴特图勒嘎出席此次峰会并发表了讲话。他强调，对于具有大陆性干旱气候且主要从事游牧业的蒙古国来说，制定应对气候变化的选择至关重要。巴特图勒嘎总统强调，蒙古国提交给联合国气候变化框架公约秘书处的"国家最终贡献"文件中，已承诺将温室气体排放量减少22.7%。

13 日 蒙古国总理乌·呼日勒苏赫举行新闻发布会，介绍了政府会议做出的以下决定：对除政府机关、金融机构、国有企业、电信企业、采矿及其加工企业等9类部门和企业外的其他企业和蒙古国家庭，2020 年 12 月 1 日至 2021 年 7 月 1 日期间的电费、水费、供暖费和垃圾清运费由政府承担。

15 日 蒙古国外长恩赫泰旺与中国国务委员兼外长王毅通电话。恩赫泰旺高度评价蒙中关系取得的积极进展，双方开通的人员和货物运输"绿色通道"为维护两国经贸合作发挥了重要作用。王毅说，中蒙两国全面战略伙伴关系发展势头良好，中方愿在做好疫情防控基础上，同蒙方积极商讨加快恢复两国边境口岸人员和货物正常往来，将疫情影响降到最低。

17 日 力拓集团宣布，已完成奥尤陶勒盖地下矿开采方案的制订。根据该方案，奥尤陶勒盖地下矿将从 2022 年 10 月持续生产。随着地下矿投产并达到产能峰值，奥尤陶勒盖将在 2030 年成为世界第四大铜矿。

18 日 波兰下议院副议长（M. Goszewska）和外交部副部长（M. Psidac）会见蒙古国驻波兰大使博·道尔吉，通报了关于恢复设立曾于 2009 年关闭的波兰共和国驻蒙古国大使馆的决定。道尔吉大使表示祝贺，称相信此举将进一步加强双边关系，深化经济合作，扩大人文交流。

21 日　蒙古国总理乌·呼日勒苏赫会见世界卫生组织驻蒙古国代表谢尔盖·迪奥蒂察，就新冠疫情形势交换意见。乌·呼日勒苏赫表示感谢联合国，特别是世界卫生组织在克服疫情方面向蒙古国提供了持续援助和专业咨询。迪奥蒂察介绍了全球疫苗研发的进展情况。

26 日　由蒙古国经济合作联合会、中国山西省大同市商务局、俄罗斯工商业联合会共同主办的第三届中蒙俄（大同）国际博览会开幕。大同市与蒙古国科布多省，蒙古国经济合作联合会，俄罗斯伏尔加格勒州、鄂木斯克州，全俄工商业联合会建立了常态合作机制，陆续推动三地企业贸易往来交流。

31 日　蒙古国卫生部公布：2020 年全国累计确诊感染新冠病毒 1215 例，其中本土 736 例，治愈 830 例。

2021年

1月

1 日　蒙古国外长尼·恩赫泰旺通报，蒙古国 1 日开始实施《亚太贸易协定》。蒙古国与中国相互实施在《亚太贸易协定》项下的关税减让安排，蒙古国对 366 个税目削减关税，平均降税幅度达 24.2%；中国在《亚太贸易协定》项下的关税减让同样适用于蒙古国。

4 日　蒙古国政府召开 2021 年首次会议，听取了副总理兼国家紧急状态委员会主席亚·索德巴特尔关于新冠疫情的汇报，决定采取一系列措施应对日益严重的疫情形势，其中包括在即将到来的蒙古国传统春节（2月12日）期间不举办聚集性庆祝活动。

10日　蒙古人民党线上召开代表会议，336位代表在线出席。会议同意党主席、政府总理乌·呼日勒苏赫辞去政府总理职务。

15日　蒙古国外长尼·恩赫泰旺在国家大呼拉尔会议上报告外贸情况。2020年蒙古国外贸总额为128亿美元，较2019年下降6.4%。顺差22亿美元。出口产品的72.5%销往中国，22.2%销往瑞士。进口商品的35.8%来自中国，26.4%来自俄罗斯。

19日　印度驻蒙古国大使辛格拜会蒙古国总理，转交了印度总理莫迪给呼日勒苏赫的回信。莫迪在信中说，已决定向蒙古国捐赠新冠疫苗。呼日勒苏赫之前曾致函莫迪，表示有意愿购买该国生产的新冠疫苗。

21日　蒙古国国家大呼拉尔审议并接受蒙古国总理呼日勒苏赫及其政府集体辞职的请求。在任命新总理之前，呼日勒苏赫继续履行总理职务。

27日　蒙古国国家大呼拉尔全体会议以87.9%的支持票审议通过了蒙古人民党关于政府总理人选的议案，奥云额尔登出任新总理。

28日　蒙古国国家大呼拉尔全体会议审议通过了银行法修正案。该法案规定，规模较大、有影响力的银行将变更为开放式股份公司，而其他银行则将变更为股份制公司。该法律将于2021年2月25日生效。

28日　蒙古国2020年牲畜普查初步结果公布，总数约6700万头（只）。其中马410万匹、牛470万头、骆驼47.29万峰、绵羊3000万只、山羊2770万只。与2019年相比，牲畜总数减少近390

万头（只），下降 5.5%。

29 日 蒙古国政府新总理奥云额尔登向国家大呼拉尔全体会议介绍了新政府成员。随后，新政府全体成员在国家宫举行了宣誓就职仪式。新政府成员中，最年长的是 65 岁的政府办公厅主任策·尼亚木道尔吉，最年轻的是 38 岁的文化部部长其·诺敏。

2月

1 日 中国国务院总理李克强向蒙古国新任总理奥云额尔登致贺电。李克强表示，中蒙是山水相连的友好邻邦，两国人民守望相助、合作抗疫，取得积极成效，共同书写了两国传统友好新篇章。中方愿同蒙方一道，共同努力推动中蒙全面战略伙伴关系迈向更高水平。

1 日 蒙古国国家统计局公布，全国有 100 岁及以上年龄的老人 164 位。其中男性 19 人，占 11.6%；女性 145 人，占 88.4%。

3 日 蒙古国外长巴·巴特策策格会见了中国驻蒙古国大使柴文睿，柴文睿大使祝贺巴·巴特策策格履新并转达了中国外长王毅向她发来的贺信。双方就进一步深化两国全面战略伙伴关系交换了意见。双方表示，今后将继续保持高层交往势头，积极实施"绿色通道"，深化蒙中经贸合作。

3 日 蒙古国外长巴·巴特策策格会见了俄罗斯驻蒙古国大使阿齐佐夫。双方就进一步深化蒙俄两国全面战略伙伴关系，庆祝两国建交 100 周年以及 2021 年进行的高层互访等问题广泛地交换了意见。

5 日 蒙古国文化部部长发布命令，嘉奖 2020 年国家非物质文化遗产优秀传承人。蒙古国政府《国家非物质文化遗产传承人名录》登记的 102 位传承人中，乌布苏省公民加·洪巴被评为"2020 年国家非物质文化遗产优秀传承人"，她获得荣誉证书和 3000 万图格里克的奖金。

8 日　中国二连海关办理了蒙古国加入《亚太贸易协定》后首批原产蒙古国油菜籽进口业务，按照成员国待遇关税从 9% 降为 0，这批 725 吨油菜籽节省了 18 万元的关税。

9 日　蒙古国外交部部长巴·巴特策策格会见了美国驻蒙古国特命全权大使迈克尔·克鲁奇斯基，并就双边合作问题深入交换了意见。

9 日　蒙古国总理奥云额尔登视察了"博格达汗铁路"项目，了解进展情况。据交通运输发展部部长鲁·哈勒塔尔介绍，博格达汗铁路投入使用后，约 60% 的货物将通过这条铁路运输。目前亚洲开发银行已宣布国际招标，以编制这条铁路建设项目的可研报告。

9 日　蒙古国国家大呼拉尔主席签发第 14 号决议，成立监督工作组，旨在监督和确保蒙古国和蒙古人民在奥尤陶勒盖矿项目的共同利益。组长由国家大呼拉尔副主席图·阿尤尔赛汗担任。

12 日　世界银行董事会批准了为蒙古国采取新冠病毒应急措施并加强医疗体制项目再次提供 5070 万美元的融资，用于蒙古国购买新冠疫苗。

17 日　蒙古国政府召开例行会议，做出《保护健康并振兴经济的 10 万亿图格里克综合计划》的决定。

18 日　蒙古国总理奥云额尔登会见了美国驻蒙古国大使迈克尔·克鲁奇斯基。奥云额尔登总理对蒙美战略伙伴关系取得积极发展表示满意，并强调进一步巩固两国关系使其提升至新水平的重要

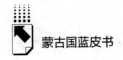

性。迈克尔·克鲁奇斯基大使重申，美国新政府会继续支持与蒙古国建立的战略伙伴关系。

22 日　印度生产的 15 万剂阿斯利康疫苗运抵乌兰巴托国际机场，蒙古国卫生部部长萨·恩赫勒德和印度驻蒙古国大使辛格出席了疫苗交接仪式。

23 日　由中国政府和中国人民解放军援助、中国国药集团研发的 30 万剂新冠灭活疫苗运抵乌兰巴托国际机场。蒙古国政府副总理兼国家紧急状况委员会主席萨·阿木尔赛罕、卫生部部长萨·恩赫包勒德、国防部部长赛罕巴亚尔和中国驻蒙古国大使柴文睿等出席交接仪式。

24 日　蒙古国外长巴·巴特策策格同中国国务委员兼外长王毅通电话。双方对蒙中全面战略伙伴关系在疫情背景下保持良好发展势头表示满意，并强调，今后为进一步加强两国合作关系而共同努力。双方同意，进一步加强抗疫合作，推动双边经贸关系发展，并促进重大合作项目的实施。

25 日　蒙古国总理奥云额尔登会见捷克共和国驻蒙古国大使尔吉·布罗德斯基。奥云额尔登总理表示对两国之间的传统友好关系和合作水平感到满意。双方还讨论了蒙古国继续实施引进普氏野马项目、开通乌兰巴托—布拉格国际航线和投资能源领域等问题。

27 日　蒙古国教育科学部部长鲁·恩赫阿木格楞会见了世界银行常驻蒙古国代表安德烈·米赫涅夫。双方就世界银行在教育科学领域实施项目的执行情况和成果深入交换了意见。安德烈·米赫涅夫表示，世界银行将对蒙古国线上教学和补课给予资金支持。

3月

1日　蒙古人民党成立100周年纪念日。蒙古国国家大呼拉尔主席贡·赞丹沙塔尔、总理奥云额尔登，蒙古人民党主席乌·呼日勒苏赫以及部分议员、支持者、公民代表等向革命家丹·苏赫巴托纪念碑献花圈，并向成吉思汗雕像致敬。

7日　蒙古国总理奥云额尔登视察了新的成吉思汗国际机场空中交通管制塔楼、飞机维修大楼、机库、"一站式"服务大楼、旅客服务大楼和"航空城"项目。奥云额尔登总理说，按照计划，蒙古国从5月1日开放空中边境，7月1日新机场投入使用。

9日　蒙古国20名选手参加了2021年世界柔道大满贯（塔什干站）比赛，共获得5枚奖牌，其中2枚金牌、2枚银牌、1枚铜牌。参加这次比赛的497名柔道选手来自71个国家和地区。

10日　蒙古国首都行政长官兼乌兰巴托市长苏米亚巴扎尔在其个人社交账号发布消息说，他和政府副总理兼国家紧急状况委员会主席阿木尔赛罕两人当日上午在国家第二中心医院已接种中国国药集团研发的新冠疫苗。

11日　蒙古国外交部举行了联合国儿童基金会（UNICEF）在蒙古国实施"新冠疫情和公共卫生应急能力建设项目"谅解备忘录签字仪式。日本政府将通过联合国儿童基金会向蒙古国提供130万人所需的新冠疫苗，并解决组成疫苗"冷链"运输的设施设备问题。

15日　2021年蒙古国国家大呼拉尔春季例会开幕，国家大呼拉尔主席贡·赞丹沙塔尔致开幕词。根据蒙古国宪法修正案，国家大呼拉尔春季例会召开75天以上，本年的春季例会将讨论多部法

律修正案。

16 日 蒙古国紧急情况总局发布消息，13 日晚至 14 日中午，蒙古国发生特大沙尘暴，12 个省的 51 个县共 590 人失踪，许多蒙古包被毁。截至 16 日中午，已成功救援 580 人，10 人不幸遇难。

17 日 蒙古国与俄罗斯政府间经贸科技合作委员会举行线上会议。双方讨论了经贸、运输、能源、工业、建筑、农业、环境和人道主义合作以及过境天然气管道项目等问题。

19 日 联合国公布了 2021 年度《世界幸福报告》（World Happiness Report），蒙古国以 5.6 分排在第 70 位。

22 日 蒙古国总统哈·巴特图勒嘎将国家最高荣誉——"成吉思汗"勋章授予蒙古国首位进入太空的宇航员朱·古尔拉格查。1981 年 3 月 22 日，古尔拉格查和苏联宇航员共同乘坐宇宙飞船前往苏联"礼炮 6 号"太空站开展科学实验，8 天后返回地球。

22 日 蒙古国宇航员首次进入太空 40 周年之际，蒙古国总理奥云额尔登决定成立一个工作组，负责筹备国家空间技术发展委员会，并起草有关空间技术发展的政策和计划。

23 日 蒙古国总统哈·巴特图勒嘎会见蒙古国驻华大使巴德尔勒。巴德尔勒大使向巴特图勒嘎总统介绍了自己担任驻华大使以来为深化蒙古国和中国友好合作关系所做的工作。巴特图勒嘎总统指示巴德尔勒大使在各个层面上加强蒙中两国传统友好合作关系，尤其是重视促进两国经贸领域合作的关系。

26 日 蒙古国和中国联合召开抗疫机制第三次线上会议。双方总结了在上述机制框架内正在落实的边境口岸"绿色通道"暂行规定执行情况，并商讨如何解决疫情影响下的两国口岸工作面临的困难。

29 日　蒙古国中戈壁省政府官员说，该省强沙尘暴天气造成约 16 万头（只）牲畜死亡，多处蒙古包、房屋和栅栏被损毁。专家担心，蒙古国入春以来发生沙尘暴天气的频率和强度均超过往年，恐形成恶性循环。

30 日　《唐诗三百首》《宋词一百首》西里尔蒙古文版新书发布会在蒙古国国家图书馆举行。中国驻蒙古国大使柴文睿、蒙古国前总统那·恩赫巴亚尔和文化部国务秘书、国家图书馆馆长以及参与翻译这两本书的专家、项目负责人等出席发布会。

31 日　蒙古国国家大呼拉尔主席贡·赞丹沙塔尔以视频方式同中华人民共和国全国人大常委会委员长栗战书举行会谈。贡·赞丹沙塔尔指出，同中方长期稳定发展睦邻友好关系和互利互惠合作是蒙古国外交政策的首要方针之一。栗战书指出，中国全国人大同蒙古国国家大呼拉尔继续保持友好交往，共同推动落实两国领导人达成的重要共识和双边合作协议。

4月

1 日　蒙古国科技大学与力拓蒙古国公司和奥尤陶勒盖公司举行培养矿山岩土工程师和建立国际研究中心的合作协议签字仪式。该协议旨在 2019～2025 年实施"矿山岩土工程专家能力建设项目"，增加岩土工程师数量，提升他们的技能，并为毕业生提供工作岗位和在世界一流矿业公司工作的机会。

2 日　蒙古国总统哈·巴特图勒嘎同俄罗斯总统普京通电话，就当前时事和双边合作交换意见。双方同意进一步扩展两国传统友好关系，在近期发表关于蒙俄建交 100 周年元首联合声明。

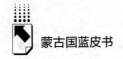

7 日　蒙古国总理奥云额尔登同中华人民共和国总理李克强通电话，两国总理就深化蒙中全面战略伙伴关系并加强抗疫合作问题进行了交谈。双方强调，近年来蒙中两国各领域合作取得积极发展。在条件允许的情况下进行高层互访对两国关系发展至关重要。双方商定，共同合作防控疫情并努力使两国经贸合作保持正常。

7 日　民主党线上召开第 11 次特别代表大会，21 个省、9 个区、330 多个县的大约 1000 名党员参加了会议。会议选举莫·图勒嘎特为新一任党主席。

9 日　力拓公司宣布，已与加拿大绿松石山资源公司（Turquoise Hill Resources）就蒙古国奥尤陶勒盖地下铜矿项目的最新融资计划达成协议，取代力拓与绿松石山资源公司 2020 年 9 月签署的谅解备忘录。双方同意终止仲裁程序。双方制订新的融资计划，解决 23 亿美元资金需求。

12 日　俄罗斯天然气工业股份公司宣布，已批准过境蒙古国天然气管道项目"联盟·沃斯托克"（SOYUZ VOSTOK）的经济技术可行性研究报告。该项目是俄罗斯过境蒙古国向中国输送天然气的"西伯利亚力量-2"项目的扩展部分。

15 日　美国参议院会议通过了《关于加强美蒙战略伙伴关系》决议案。

20 日　蒙古国总理奥云额尔登以视频方式出席 2021 年博鳌亚洲论坛开幕式并发表讲话。他祝贺中国提前 10 年实现《联合国 2030 年可持续发展议程》减贫目标，他指出，经济稳定增长、多元化和公平分配财富对减少贫困至关重要。他强调，蒙古国将在《远景-2050》长期发展政策框架内，继续发展互利合作和积极参与区域政治和经济进程。

26 日　蒙古国总统哈·巴特图勒嘎以视频方式出席联合国亚洲及太平洋经济社会委员会第 77 届年会开幕式并致辞。

27 日　蒙古人民党领导委员会举行在线会议，就与蒙古人民革命党合并问题达成一致意见。两党合并后，将共同以蒙古人民党的名义提名一名候选人，参加 2021 年总统竞选。

29 日　蒙古国国家大呼拉尔通过了《总统选举法》修正案。国家大呼拉尔接受蒙古国宪法法院关于历任总统与现任总统若再次参加总统候选，将与现行宪法和《总统选举法》条款的内容相违背的裁定。因此对《总统选举法》修正案进行了补充修正，明确总统候选人应从未当选过蒙古国总统，并且只能当选一次。

5月

3 日　蒙古国国家发展局和中国香港投资推广署领导人共同出席了由蒙古国驻香港总领事馆举办的在线会议。双方就双边投资环境、实施的政策等问题深入交换了意见。

8 日　蒙古国总理奥云额尔登考察了塔旺陶拉盖至嘎顺苏海图方向铁路和塔旺陶拉盖至宗巴彦方向铁路建设工程进展。政府致力于 2022 年 7 月完成塔旺陶拉盖至嘎顺苏海图 258.4 千米铁路的建设工程，目前已完成 81% 的土方工程和 201 千米的骨干工程。

9 日　在俄罗斯联邦布里亚特共和国首府乌兰乌德举行的纪念卫国战争胜利 76 周年阅兵式上，由蒙古国武装力量特种部队参谋长拉·钢色勒门率领的 75 名蒙古国军人方队参与受阅。2015 年和 2020 年，蒙古国武装部队也参加了俄罗斯纪念卫国战争胜利 70 周

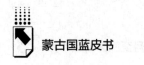

年和 75 周年阅兵式。

11 日 蒙古国煤炭协会与中国山西今日智库能源共同举办 2021 年第二季度煤炭市场视频交流会。蒙古国煤炭协会表示,澳大利亚煤炭进入中国受限为蒙古国煤炭提供了机遇,但由于疫情原因,2021 年前几个月蒙古国煤炭没有大量进入中国市场。

13 日 蒙古国国家大呼拉尔蒙古国-印度议会小组组长贝·萨仁其木格会见印度驻蒙古国大使辛格,向其移交了蒙古国人民捐助的 155641720 图格里克爱心善款,支持印度人民抗击疫情。另外,蒙古国政府已决定向印度提供 100 万美元的财政援助。

14 日 蒙古国总理奥云额尔登赴色楞格省实地考察了鄂尔浑县"GAZAR AGRO"公司的集约化耕作和"ARVIN KHUR"公司农田以及宗布伦县的果蔬温室,听取了当地农民反映的问题。奥云额尔登说,政府致力于将达尔汗乌拉省和色楞格省发展成可替代矿业经济的农牧业区。

17 日 蒙古国能源部与中国电力建设集团公司和中国电建成都工程公司签署了建设额尔登布仁水力发电站的文件。这是蒙古国西部地区最大的开发项目,装机容量为 64.2 兆瓦,计划 61 个月完成建设。电站选址在距科布多省额尔登布仁县 25 千米的和希吉格特峡谷中。

18 日 蒙古国国家统计委员会主任巴特达格瓦在当日举行的国家大呼拉尔会议上介绍,2020 年蒙古国全国总人口达 3296866 人,平均年龄为 27.9 岁。预计 2031 年总人口将达到 400 万人。

24 日 蒙古国总选举委员会主席彭·德勒格尔那仁分别向蒙古人民党提名的乌·呼日勒苏赫、民主党提名的斯·额尔登和

"正确人选民联盟"提名的德·恩赫巴特等三人颁发总统候选人资格证书。总统大选竞选活动正式开始，将于6月9日投票。

25日 国际评级机构惠誉（Fitch Ratings）宣布，将蒙古国主权信用评级为"B"级，展望评级为"稳定"。

26日 在世界银行集团与蒙古国建立伙伴关系30周年之际，世界银行集团董事会讨论了与蒙古国的新伙伴关系合作框架。2021~2025年的战略目标是帮助蒙古国克服新冠疫情危机，同时重视创造就业岗位，应对气候变化，以更具可持续性、包容性和弹性的方式支持经济复苏。

29日 蒙古国国防部在首都乌兰巴托市成吉思汗广场举行仪式，纪念"联合国维持和平人员国际日"。自2002年以来，蒙古国武装力量共参加了17项联合国维和行动，在13个国家和地区执行维和任务的军事人员累计达1.9万人次，目前仍有1100多名蒙古国军事人员在联合国多国部队参与7项维和任务。

30日 蒙古国总统哈·巴特图勒嘎以线上形式出席首尔全球2030绿色目标伙伴峰会并致辞。他说，根据《巴黎协定》，每个国家都致力于制定和实施减少温室气体排放的国家目标。蒙古国已承诺到2030年时将温室气体排放量减少27.2%。

31日 2021年ASB亚洲拳击锦标赛在阿联酋迪拜市闭幕，蒙古国拳手共获得3枚金牌和5枚铜牌。

6月

1日 蒙古国外长巴·巴特策策格访问俄罗斯并同俄罗斯外长拉夫罗夫举行正式会谈，双方讨论了双边关系、地区和国际合作问

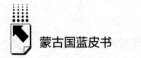

题，总结了蒙俄关系现状，并就两国发展合作，包括高层互访、重大活动和优先领域项目等交换了意见。双方表示高度重视落实两国建交 100 周年的各项活动。

4 日 蒙古国外交部举行了联合国教科文组织人与生物圈计划国际协调理事会将蒙古国陶森-呼鲁斯泰（Toson-Khulstai）自然保护区纳入联合国教科文组织世界生物圈保护区网络的证书颁发仪式。

5 日 正在参加蒙古国总统竞选的候选人恩赫巴特被确诊感染新冠病毒并住院接受隔离治疗。他表示将以线上视频形式参加下周一（7 日）举行的总统候选人电视辩论。

8 日 蒙古国地毯亮相第 18 届中国（青海）藏毯国际展览会，这是蒙古国地毯首次参展。展位搭建成蒙古包形状，展示了 300 多条质地优良有特色的蒙古国地毯，还有精美的蒙古国皮画。

10 日 蒙古国总选举委员会宣布，2021 年总统选举中，蒙古人民党候选人乌·呼日勒苏赫以 67.76%的得票率获胜，当选蒙古国总统。

11 日 蒙古国国家大呼拉尔全体会议通过了关于社会保险法修正案，将社会保险费率降低 2 个百分点。

16 日 中国内蒙古自治区政府又一次举行捐赠仪式，向蒙古国捐赠价值 300 万元人民币的防疫物资。内蒙古自治区政协副主席、自治区新冠疫情防控指挥部副总指挥欧阳晓晖，蒙古国驻呼和浩特总领事巴特胡亚嘎出席捐赠仪式并致辞。

18 日 蒙古国总统哈·巴特图勒嘎颁发总统令，将诺彦乌拉山确定为国家公祭山。诺彦乌拉山脉跨越色楞格省曼达拉县、中央省包尔努尔县和巴特松布尔县，是蒙古人自古以来尊崇的圣山。

21 日　蒙古国财政部部长包·扎布赫楞向国家大呼拉尔提交了蒙古国政府 2020 年预算执行情况报告。受新冠疫情影响，蒙古国 2020 年经济萎缩，国内生产总值增速为 -5.3%，国家财政赤字达 44404 亿图格里克。

23 日　蒙古国外交部部长巴·巴特策策格出席中华人民共和国外交部举办的"'一带一路'：亚太地区国际合作"高级别在线会议，介绍了蒙古国政府为减少新冠疫情对经济的负面影响所做的努力，并表示蒙方正在积极落实将"草原之路"计划与"一带一路"倡议相结合，推进"蒙中俄经济走廊"建设。

25 日　蒙古国当选总统乌·呼日勒苏赫在国家宫宣誓就职。国家大呼拉尔主席贡·赞丹沙塔尔主持就职仪式，国家大呼拉尔委员、政府成员、宪法法院和最高法院负责人、外国驻蒙使节及社会各界代表数百人出席。新修订的蒙古国宪法规定，总统任期 6 年，不得连任。

25 日　蒙古人民党召开第 11 次代表会议。因党主席乌·呼日勒苏赫当选总统，根据相关法律其退出政党，选举现任总理奥云额尔登为蒙古人民党主席。

29 日　蒙古国文化部部长其·诺敏线上出席了联合国教科文组织《关于采取措施禁止并防止文化财产非法进出口和所有权非法转让公约》50 周年亚太地区会议开幕式并发言，表示蒙古国近年来找回了数十件走私出境的珍贵古生物文物和文化财产，将与其他国家继续合作，共同打击文化财产走私和非法交易。

30 日　蒙古国政府和全国工商会依据财政部、国家税务总局、

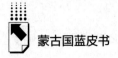

海关总局、国家社会保险总局等部门提供的数据和报告，评选出"2020 年百强企业"，30 日在乌兰巴托举行了颁奖活动。百强企业纳税占全国税收总额的 49%，销售收入相当于全国 GDP 的 88%，员工总数占全国就业人数的 8.1%。

Abstract

In accordance with the 2019 constitutional amendments and the relevant laws, in June 2020 Mongolia held elections for the State Great Hural (Parliament) as scheduled. The Mongolian People's Party (MPP) was re-elected with a landslide victory of 62 seats. The Chairman of the State Great Hural, Gunn Zandanshatar, and Prime Minister U. Khurilsukh were re-elected in January 2021, when the U. Khurilsukh government resigned en masse due to the "Maternity Incident," and was replaced by Ruuu Oyun Erdene, who was elected as President of Mongolia in June 2021, becoming the first president to serve in a six-year term following the amendment of the Constitution. As Mongolia enters a new era of "party rule", the ruling philosophy of the Mongolian People's Party can be reflected in all aspects of the country's domestic and foreign affairs to the greatest extent possible.

The reelection of the Mongolian People's Party has created a platform for the realization of the ruling philosophy of the Party. The re-election of the Speaker and Prime Minister has stabilized the PPP's governing team and the consistency of policy implementation. Taking advantage of the epidemic to continue the fight against corruption and adjusting the financial, monetary and fiscal policies for the benefit of the people in order to help the Mongolian people to tide over the difficult times, the basic fundamentals of economic and social development have basically been stabilized. While increasing the vaccination rate and

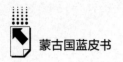

improving the immunization capacity of the whole population, "New Renaissance Policy" was formulated to boost Mongolia's economy in response to the normalization of the epidemic and the direct and indirect impacts of the Russian-Ukrainian conflict.

In economic terms, taking advantage of the "time slot" of the epidemic's impact on Mongolia's export economy, we should carry out in-depth reforms of state-owned mineral resource enterprises to make them "state-controlled" enterprises, establish a resource fund so that nationals can become the real owners of state-owned natural resources, and promote the transformation of the mining industry into the processing and manufacturing industry, and vigorously develop high-tech industries to increase the added value of products and the technological content of export commodities. It should also promote the transformation of the mining industry into a processing and manufacturing industry, vigorously develop high-tech industries, increase the added value of its products, and increase the technological content of its export commodities, so as to improve the structural problem of a highly export-dependent economy.

In diplomacy, it is necessary to comprehensively assess the advantages and disadvantages of Mongolia's diplomacy after the normalization of the epidemic and the conflict between Russia and Ukraine, as well as the bottlenecks and obstacles to imports and exports, to rationally develop relations with international and regional organizations, to effectively and efficiently utilize the assistance of international and regional organizations as well as the developed countries, and to rationally expand the diplomatic space that can be utilized and tapped.

Keywords: Mongolia; Economy; Mongolian People's Party; New Renaissance Policy

Contents

I General Report

Abstract: The global new crown epidemic that broke out in 2020
had a greater impact on Mongolia's impact on the export-oriented
economy. On February 24, 2022, due to the outbreak of the Russian-
Ukrainian conflict, the all-round sanctions imposed on Russia by the
United States and the West affected Mongolia's economic development.
A new political situation has emerged in Mongolia. According to the
current constitution, the ninth parliamentary election will be held in
2024 and the second six-year presidential election after the constitutional
amendment will be held in 2027. In the meantime, the Mongolian
People's Party (MPP) will be in power for three years with "one party
occupying three high positions". How to fight against the new
epidemic and how to implement efficient governance under the
normalization of the epidemic will be a test for the Mongolian People's

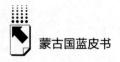

Party's ability to remain in power, as well as for the future political career of President Khurilsukh.

Keywords: COVID－19; Russian-Ukrainian Conflict; Mongolia; Mongolian People's Party; Governance

Ⅱ　Special Reports

B.2　An Analysis of the Process of the Mongolian Presidential Election and Its New Presidential Concept After the Constitutional Amendment　　　　　　　　　　　　　*Zhaorigetu* / 019

Abstract: The 2021 presidential election, the eighth presidential election since the introduction of a parliamentary system with a president in 1992 and the first since the entry into force of Mongolia's newly revised Constitution and the law on presidential elections, has attracted international and domestic attention. Throughout the election program, inaugural speech and his governing experience, U. Khojirsulsukh's philosophy of governance mainly embodies four aspects: unity and cooperation; fairness and justice; Mongolia's resources, Mongolia's mastery; and the continuation of a multi-pivot foreign policy. This paper mainly analyzes the election process of the new president of Mongolia after the constitutional amendment and the implementation of his philosophy of governance.

Keywords: Mongolia; Constitutional Amendments; Presidential Elections; State Governance

Contents

B.3   The Impact of the COVID-19 on Mongolia's Economic

Development

Abstract: This paper describes the economic measures taken by governments around the world to reduce the risk of the New Crown epidemic, the Mongolian government's response to the hazards of the spread of the New Crown epidemic, and the effectiveness of the policy measures taken to protect the population from the New Crown virus as well as to make up for the economic losses caused by the closure and control. The impact of the New Crown epidemic on the decline in Mongolia's key macroeconomic indicators is analyzed, including the decline in economic growth to its lowest level for the first time since 1990, the decline in the real economy, i. e. , the manufacturing sector, the recovery of the manufacturing, trade, and service sectors after the lifting of the stringent outbreak closure in June 2021, the reasons for the decrease in total revenues and the increase in expenditures of the state budget, and the reasons for the "Ten Trillion Tugrik" program measures caused by the increase in money supply and the decrease in loans to residents and businesses, the impact of the decrease in exports of copper concentrates and coal on the decline in foreign trade imports and exports, and other circumstances.

Keywords: Mongolia; COVID-19; Inflation; "Ten Trillion MNT" Program; Money Supply

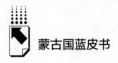
蒙古国蓝皮书

B . 4   Analysis of the Current Situation of Mongolia's Ecological

Environment and Its Governance Effectiveness

Ren Lihui / 057

Abstract: Under the dual influence of natural factors and human activities, Mongolia's ecological environment is facing many risks. Grassland desertification, wind erosion and desertification, water and soil loss are worsening, extreme weather and natural disasters are frequent, and air pollution is serious. The ecosystem balance is threatened. Mongolia has strengthened ecological environment governance. It has carried out ecological environment governance with international organizations and some countries, such as desertification control, vegetation restoration in mining areas and air pollution. Facing the ecological environment trend, Mongolia urgently needs to further enhance its awareness of environmental protection and strengthen cooperation in ecological governance.

Keywords: Mongolia; Ecological Governance; Land Desertification; Ecosystems

B . 5   Status Qua, Lessons and Suggestions of Online Distance

Education in Mongolia Under the

Global Epidemic Situation

Burenbilig, Qi Ge / 069

Abstract: The sudden outbreak of COVID-19 is undoubtedly a comprehensive assessment of the epidemic prevention and control capacity, governance ability and diplomatic means. From the perspective of epidemic prevention and control, the Mongolian government has a strong sense of crisis with a quick response, and measures in place. It has also sought international cooperation and demonstrated the country's positive attitude and response measures to the epidemic. In this particular period, it is difficult to maintain domestic economic stability while ensuring basic education and the health and safety of citizens. At present, Mongolia's education system is facing a series of transformation and adjustment in the process of promoting online and distance education, including adaptive and professional training for students, improving teaching methods to meet the development requirements of the post-pandemic era, and seeking actions and initiatives in innovative and open cooperation and building new learning platforms.

Keywords: Mongolia; COVID-19; Online Distance Education; New Learning Platform

B.6 Analysis of the Current Status of New Media Development in Mongolia and Its Impact on Economy and Society

Bao Wenming / 088

Abstract: Nowadays, with the highly developed internet technology, new media has become the most powerful communication newcomer in the field of news and information dissemination, showing strong influence in news dissemination, information sharing, life and entertainment, and even national politics and economy, and forming a

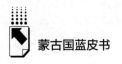
strong impact on the economic and social development as well as social structure of a country. Mongolia is one of the countries with a free press, and since the democratic transition, the nature of Mongolian media and the institutional mechanism of media management have undergone significant changes. Based on the transformation of media development in Mongolia, especially the development and current situation of new media, this paper combs and analyzes, summarizes and summarizes the characteristics of Mongolia's new media development, problems and its impact on the economy and society.

Keywords: Mongolia; New Media; News Dissemination; Internet

B.7 Analysis of Foreign Economic Cooperation Policy of the New Government of Mongolia

Khas Batyr, Huangtong Laga and [*Mongolia*] *Mandukhai* / 106

Abstract: Affected by the COVID-19, Mongolia's domestic trade and foreign trade have been affected in the past two years. The new government has taken measures to mediate the government while controlling the spread of the epidemic. Take measures to mediate disputes over agreements between the government and foreign investors, improve the domestic investment environment, and attract foreign direct investment. In the future, the new Mongolian government will continue the policy of the previous government. Within the framework of the national long-term development plan "Vision-2050", it will implement the plan to revive the domestic economy, attach importance to the development of border trade, and actively participate in regional integration.

Abstract: Mongolia, as an important participant in the Belt and Road initiative and China's northern neighbor, is one of the main target countries of China's foreign aid. Within the framework of the Belt and Road international cooperation, China has provided assistance to Mongolia through the construction of complete sets of projects, general material assistance, technical cooperation, human resource development, dispatch of medical teams, and emergency humanitarian assistance. Remarkable results have been achieved in infrastructure construction and development, improvement of teaching facilities and medical and health conditions, promotion of human resource development and training, and support for Mongolia in its fight against the COVID-19 epidemic, enhancing mutual understanding and friendship between China and Mongolia.

Keywords: The Belt and Road Initiative; China; Mongolia; Foreign Aid

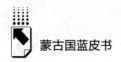
蒙古国蓝皮书

B.9　Progress of Oyu Tolgoi Copper and Gold Mine Project and Its

　　　Impact on Mongolia's Mining Economy and Development Trend

Hugjilt / 138

Abstract：Mongolia is rich in mineral resources, and every large mining development has a huge impact on its economy. Oyu Tolgoi copper and gold mine is a world-class mine, and the decade-long interest dispute between its operator and the Mongolian government only reached a mutually acceptable conclusion by the end of 2021, providing a positive sign for the country's stagnant foreign direct investment.

Keywords：Oyu Tolgoi; Mining Economy; Mongolia

B.10　Mongolia-Russia "Power of Siberia-2" Gas Pipeline：Progress

　　　and Prospect

Qi Zhiye, Huang Tonglaga / 153

Abstract："Power of Siberia-2" is the second natural gas supply project between Russia and China after the "Power of Siberia" gas pipeline. Mongolia wants the pipeline pass through its territory, which will relief the country's energy shortage and air pollution, also brings in transit fee revenue and create jobs. Russia's strategic consideration include diversify the natural gas export market, promote economic development of the regions along the route, and further tie-up the interest of Russia and Mongolia. Under the joint effort of the two countries, the project feasibility study has been completed in 2021, and started the engineering design and land acquisition in 2022. It will be a flagship project of the China-Mongolia-Russia Economic Corridor if the pipeline is successfully commissioned, and will have a positive influence on the energy cooperation in Northeast Asia at large.

Keywords: Mongolia; Russia; Power of Siberia-2; Gas; China-Mongolia-Russian Gas Pipeline

皮 书

智库成果出版与传播平台

❖ 皮书定义 ❖

皮书是对中国与世界发展状况和热点问题进行年度监测，以专业的角度、专家的视野和实证研究方法，针对某一领域或区域现状与发展态势展开分析和预测，具备前沿性、原创性、实证性、连续性、时效性等特点的公开出版物，由一系列权威研究报告组成。

❖ 皮书作者 ❖

皮书系列报告作者以国内外一流研究机构、知名高校等重点智库的研究人员为主，多为相关领域一流专家学者，他们的观点代表了当下学界对中国与世界的现实和未来最高水平的解读与分析。

❖ 皮书荣誉 ❖

皮书作为中国社会科学院基础理论研究与应用对策研究融合发展的代表性成果，不仅是哲学社会科学工作者服务中国特色社会主义现代化建设的重要成果，更是助力中国特色新型智库建设、构建中国特色哲学社会科学"三大体系"的重要平台。皮书系列先后被列入"十二五""十三五""十四五"时期国家重点出版物出版专项规划项目；自2013年起，重点皮书被列入中国社会科学院国家哲学社会科学创新工程项目。

皮书网

（网址：www.pishu.cn）

发布皮书研创资讯，传播皮书精彩内容
引领皮书出版潮流，打造皮书服务平台

栏目设置

◆ **关于皮书**
何谓皮书、皮书分类、皮书大事记、
皮书荣誉、皮书出版第一人、皮书编辑部

◆ **最新资讯**
通知公告、新闻动态、媒体聚焦、
网站专题、视频直播、下载专区

◆ **皮书研创**
皮书规范、皮书出版、
皮书研究、研创团队

◆ **皮书评奖评价**
指标体系、皮书评价、皮书评奖

所获荣誉

◆ 2008 年、2011 年、2014 年，皮书网均
在全国新闻出版业网站荣誉评选中获得
"最具商业价值网站"称号；

◆ 2012 年，获得"出版业网站百强"称号。

网库合一

2014年，皮书网与皮书数据库端口合
一，实现资源共享，搭建智库成果融合创
新平台。

皮书网

"皮书说"
微信公众号

权威报告·连续出版·独家资源

皮书数据库
ANNUAL REPORT(YEARBOOK)
DATABASE

分析解读当下中国发展变迁的高端智库平台

所获荣誉

● 2022年，入选技术赋能"新闻+"推荐案例
● 2020年，入选全国新闻出版深度融合发展创新案例
● 2019年，入选国家新闻出版署数字出版精品遴选推荐计划
● 2016年，入选"十三五"国家重点电子出版物出版规划骨干工程
● 2013年，荣获"中国出版政府奖·网络出版物奖"提名奖

皮书数据库

"社科数托邦"
微信公众号

成为用户

登录网址www.pishu.com.cn访问皮书数据库网站或下载皮书数据库APP，通过手机号码验证或邮箱验证即可成为皮书数据库用户。

用户福利

● 已注册用户购书后可免费获赠100元皮书数据库充值卡。刮开充值卡涂层获取充值密码，登录并进入"会员中心"—"在线充值"—"充值卡充值"，充值成功即可购买和查看数据库内容。
● 用户福利最终解释权归社会科学文献出版社所有。

社会科学文献出版社 皮书系列
SOCIAL SCIENCES ACADEMIC PRESS (CHINA)

卡号：582887255746
密码：

数据库服务热线：010-59367265
数据库服务QQ：2475522410
数据库服务邮箱：database@ssap.cn
图书销售热线：010-59367070/7028
图书服务QQ：1265056568
图书服务邮箱：duzhe@ssap.cn

S 基本子库
SUB DATABASE

中国社会发展数据库（下设 12 个专题子库）

紧扣人口、政治、外交、法律、教育、医疗卫生、资源环境等 12 个社会发展领域的前沿和热点，全面整合专业著作、智库报告、学术资讯、调研数据等类型资源，帮助用户追踪中国社会发展动态、研究社会发展战略与政策、了解社会热点问题、分析社会发展趋势。

中国经济发展数据库（下设 12 专题子库）

内容涵盖宏观经济、产业经济、工业经济、农业经济、财政金融、房地产经济、城市经济、商业贸易等 12 个重点经济领域，为把握经济运行态势、洞察经济发展规律、研判经济发展趋势、进行经济调控决策提供参考和依据。

中国行业发展数据库（下设 17 个专题子库）

以中国国民经济行业分类为依据，覆盖金融业、旅游业、交通运输业、能源矿产业、制造业等 100 多个行业，跟踪分析国民经济相关行业市场运行状况和政策导向，汇集行业发展前沿资讯，为投资、从业及各种经济决策提供理论支撑和实践指导。

中国区域发展数据库（下设 4 个专题子库）

对中国特定区域内的经济、社会、文化等领域现状与发展情况进行深度分析和预测，涉及省级行政区、城市群、城市、农村等不同维度，研究层级至县及县以下行政区，为学者研究地方经济社会宏观态势、经验模式、发展案例提供支撑，为地方政府决策提供参考。

中国文化传媒数据库（下设 18 个专题子库）

内容覆盖文化产业、新闻传播、电影娱乐、文学艺术、群众文化、图书情报等 18 个重点研究领域，聚焦文化传媒领域发展前沿、热点话题、行业实践，服务用户的教学科研、文化投资、企业规划等需要。

世界经济与国际关系数据库（下设 6 个专题子库）

整合世界经济、国际政治、世界文化与科技、全球性问题、国际组织与国际法、区域研究 6 大领域研究成果，对世界经济形势、国际形势进行连续性深度分析，对年度热点问题进行专题解读，为研判全球发展趋势提供事实和数据支持。

法律声明